对标“岗课赛证”新形态教材

仓储与配送实训

（活页式）

主　编　杨　莉　张　玥

副主编　赵　彪　袁瑗瑗

编　委　陈军军　王　芳　王　爽　桂姗姗　王　彩

西南交通大学出版社

·成　都·

图书在版编目（CIP）数据

仓储与配送实训：活页式 / 杨莉，张玥主编. --
成都：西南交通大学出版社，2023.12
ISBN 978-7-5643-9664-0

Ⅰ. ①仓… Ⅱ. ①杨… ②张… Ⅲ. ①仓库管理－高等职业教育－教材②物流管理－物资配送－高等职业教育－教材 Ⅳ. ①F253②F252.14

中国国家版本馆 CIP 数据核字（2024）第 008958 号

Cangchu yu Peisong Shixun (Huoye Shi)
仓储与配送实训（活页式）

主　编 / 杨　莉　张　玥

责任编辑 / 余崇波
封面设计 / 吴　兵

西南交通大学出版社出版发行
（四川省成都市金牛区二环路北一段 111 号西南交通大学创新大厦 21 楼　610031）
营销部电话：028-87600564　　028-87600533
网址：http://www.xnjdcbs.com
印刷：四川森林印务有限责任公司

成品尺寸　185 mm × 260 mm
印张　13　　字数　323 千
版次　2023 年 12 月第 1 版　　印次　2023 年 12 月第 1 次

书号　ISBN 978-7-5643-9664-0
定价　40.00 元

课件咨询电话：028-81435775
图书如有印装质量问题　本社负责退换

PERFACE

前言

现代物流一头连着生产，一头连着消费，高度集成并融合运输、仓储、分拨、配送、信息等服务功能，是延伸产业链、提升价值链、打造供应链的重要支撑，在构建现代流通体系、促进形成强大国内市场、推动高质量发展、建设现代化经济体系中发挥着先导性、基础性和战略性的作用。

随着移动互联网、大数据、云计算、物联网等新技术在物流领域广泛应用，数字仓库、无接触配送等“互联网 +”高效物流新模式新业态不断涌现，仓储与配送作为物流系统的核心功能在社会经济中的突出作用显而易见。

《仓储与配送实训（活页式）》教材具有较强的实践性与应用性。本书立足产业链对复合型技术技能人才的需求，坚持立德树人，以工匠精神为引领，以产教融合为载体，以学生为中心，以 1 + X 证书制度下的书证融通为指导，将产业与人才的发展需求紧密结合，通过岗位能力分析、典型工作任务提取，考虑学生就业发展需要，构建以企业仓储与配送作业流程为主线任务，以全国职业院校技能大赛为抓手，以学生为中心的学习环境，基于《中华人民共和国职业分类大典》、中华人民共和国物流行业标准、物流管理职业技能等级标准等职业岗位最新标准组织编写，以仓储与配送岗位工作活动为载体开展典型工作任务实训，将企业岗位工作和仓储与配送相关知识及操作实践相结合，促进学生全面发展，提升学生仓储与配送工作岗位的职业胜任力。

本书实训任务从学习目标、项目概述、工作依据、实训环境要求、职业能力要求、实训案例、实训任务到最终的实训报告，为学习者提供了可参考的教学实践依据。同时，本书可有效协助教师指导学生开展项目实训，降低了实训难度，破解了职业教育实训“三高三难”的教学难题。

本书由杨莉、张玥担任主编，赵彪、袁瑗瑗担任副主编，参与编写的有陈军军、王芳、王爽、桂姗姗、王彩等多位老师。在本书的编写过程中，得到了贵州交通技师学院、北京络捷斯特科技有限公司等单位的大力支持，特别是北京络捷斯特科技有限公司为本书的编写提供了大量的案例资料和宝贵意见。

鉴于编者团队学力有限，书中难免存在疏漏与不足，衷心地希望能够得到业界同仁和广大读者的批评指正！

编 者

2023 年 10 月

CONTENTS

目录

模块 1　仓储作业 …… 001

任务 1　入库前信息与数据处理 …… 001

任务 2　ABC 分类 …… 017

任务 3　入库作业计划表 …… 035

任务 4　绘制货物组托示意图 …… 047

任务 5　移库作业 …… 057

任务 6　补货作业 …… 065

任务 7　盘点作业 …… 075

任务 8　拣选作业 …… 087

任务 9　点检单编制 …… 101

模块 2　配送作业 …… 117

任务 1　运输作业优化 …… 117

任务 2　配装配载计划 …… 161

任务 3　优化配送路线 …… 177

任务 4　配送效率效益分析 …… 185

任务 5　信息与数据处理 …… 191

参考文献 …… 201

模块 1 仓储作业

任务 1 入库前信息与数据处理

学习目标

素养目标

- 培养敬业精神、安全意识、节约意识和劳动意识；
- 培养学生的团队协作能力和沟通能力；
- 培养学生的工匠精神和科学精神；
- 培养学生分析问题、解决问题的能力。

知识目标

- 掌握各种仓库类型的空间指标计算；
- 掌握入库作业计划表的填写规范。

能力目标

- 能够根据入库作业任务，编制入库作业计划表；
- 能够进行出入库报表可视化分析，绘制出入库统计可视化图；
- 能够正确填制库存信息表。

思维导图（见图 1.1.1）

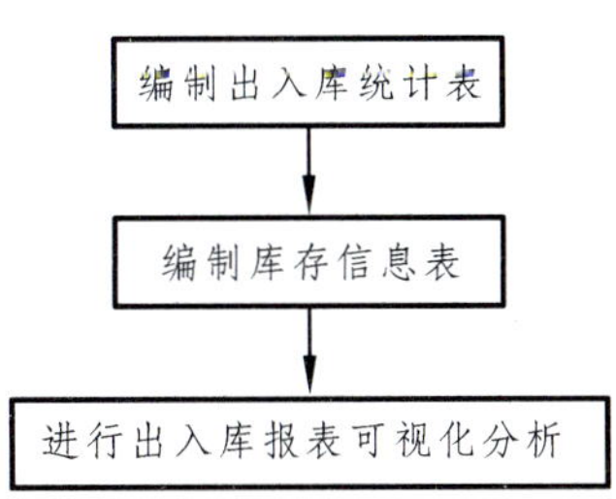

图 1.1.1　思维导图

一、项目概述

根据出入库月报表信息，结合相关货物库存信息进行入库前信息与数据处理。

二、工作依据

(1)《物流中心作业通用规范》(GB/T 22126—2008)。

(2)《仓储作业规范》(SB/T 10977—2013)。

(3)《物流服务师国家职业技能标准（2020 版)》。

(4)《物流术语》(GB/T 18354—2021)。

(5)《物流管理职业技能等级标准（2021 年 2.0 版)》(标准代码：530001)。

三、实训环境要求

(一) 场地要求

在仓储作业实训室进行，配备至少满足 40 人同时开展实训的工位。

(二) 设备要求（计算机设备）

主要功能：满足学生完成出入库统计、库存信息整理及出入库报表可视化分析。

技术要求：安装计算机操作系统及相关软件。

四、职业能力要求

编制入库作业计划表职业能力要求如表 1.1.1 所示。

表 1.1.1　编制入库作业计划表职业能力要求

职业岗位	工作内容	基本技能	相关知识	技能要求
仓管员	入库作业	入库前信息与数据处理	出入库统计方法	根据托盘货架区货物的出入库报表，编制出入库统计报表
			填制库存信息表	根据相关库存信息、月出入库情况，填制作业前库存信息表
			出入库报表可视化分析	分析出入库统计表，使用 Excel 对仓储数据进行处理，并按要求生成可视化图表

五、实训案例

（一）案例内容

1. 案例背景

L公司是M市一家国际性综合型物流企业，主要为客户提供安全、便捷和高效的综合物流业务服务。L公司在M市拥有完善的物流服务网络，依托先进的物流服务平台，业务范围覆盖M市及周边区域，为客户提供仓储、市内配送等相关物流业务服务。请结合客户具体要求和现代企业管理制度，模拟完成2022年1月到6月L公司的入库前信息与数据处理。L公司每天的工作时间为8:00—17:30。

2. 库存信息（见表1.1.2）

表1.1.2 托盘货架区2021年12月31日17:30库存结余信息

序号	货物名称	规格	托盘初始库存/箱
1	可口可乐1.25 L	箱	28
2	百事可乐（听）355 mL	箱	20
3	芬达橙味汽水	箱	20
4	可口可乐汽水600 mL	箱	75
5	雪碧汽水600 mL	箱	57
6	酷儿QOO橙汁饮料310 mL	箱	6
7	雪碧1.25 L	箱	26
8	酷儿维生素C+钙香橙汁450 mL	箱	12
9	美汁源果粒橙橙汁饮料1.25 L	箱	33
10	酷儿橙汁1.5 L	箱	43
11	雪碧汽水2.3 L	箱	42
12	可口可乐听装330 mL	箱	13
13	百事可乐2.5 L	箱	29
14	百事可乐1.25 L	箱	22
15	百事可乐600 mL	箱	9

3. 托盘货架区各月度出入库信息（见表1.1.3～表1.1.8）

表1.1.3 出入库月报表（截至2022年1月31日17:30）

序号	货物名称	入库量/箱	出库量/箱
1	可口可乐1.25 L	71	66
2	雪碧1.25 L	24	29

序号	货物名称	入库量/箱	出库量/箱
3	雪碧汽水 600 mL	58	74
4	可口可乐汽水 600 mL	119	135
5	芬达橙味汽水	45	55
6	百事可乐（听）355 mL	82	75
7	百事可乐 600 mL	52	40
8	百事可乐 1.25 L	175	208
9	百事可乐 2.5 L	122	111
10	可口可乐听装 330 mL	66	67
11	雪碧汽水 2.3 L	986	983
12	酷儿橙汁 1.5 L	124	122
13	酷儿 QOO 橙汁饮料 310 mL	999	1 109
14	美汁源果粒橙橙汁饮料 1.25 L	252	223
15	酷儿维生素 C+钙香橙汁 450 mL	65	74

表 1.1.4　出入库月报表（截至 2022 年 2 月 28 日 17:30）

序号	货物名称	入库量/箱	出库量/箱
1	可口可乐 1.25 L	78	61
2	雪碧 1.25 L	25	22
3	雪碧汽水 600 mL	74	76
4	可口可乐汽水 600 mL	136	136
5	芬达橙味汽水	50	48
6	百事可乐（听）355 mL	109	107
7	百事可乐 600 mL	40	36
8	百事可乐 1.25 L	217	214
9	百事可乐 2.5 L	124	121
10	可口可乐听装 330 mL	100	80
11	雪碧汽水 2.3 L	862	791
12	酷儿橙汁 1.5 L	99	156
13	酷儿 QOO 橙汁饮料 310 mL	934	1 077
14	美汁源果粒橙橙汁饮料 1.25 L	243	306
15	酷儿维生素 C+钙香橙汁 450 mL	75	74

表 1.1.5　出入库月报表（截至 2022 年 3 月 31 日 17:30）

序号	货物名称	入库量/箱	出库量/箱
1	可口可乐 1.25 L	76	68
2	雪碧 1.25 L	35	30
3	雪碧汽水 600 mL	60	73
4	可口可乐汽水 600 mL	111	155
5	芬达橙味汽水	55	43
6	百事可乐（听）355 mL	105	98
7	百事可乐 1.25 L	233	204
8	百事可乐 600 mL	51	46
9	百事可乐 2.5 L	220	225
10	可口可乐听装 330 mL	116	82
11	雪碧汽水 2.3 L	944	877
12	酷儿橙汁 1.5 L	157	147
13	酷儿 QOO 橙汁饮料 310 mL	814	912
14	美汁源果粒橙橙汁饮料 1.25 L	302	226
15	酷儿维生素 C+钙香橙汁 450 mL	64	73

表 1.1.6　出入库月报表（截至 2022 年 4 月 30 日 17:30）

序号	货物名称	入库量/箱	出库量/箱
1	可口可乐 1.25 L	74	74
2	雪碧 1.25 L	24	21
3	雪碧汽水 600 mL	47	79
4	可口可乐汽水 600 mL	110	143
5	芬达橙味汽水	45	46
6	百事可乐（听）355 mL	90	94
7	百事可乐 600 mL	76	73
8	百事可乐 1.25 L	164	166
9	百事可乐 2.5 L	40	45
10	酷儿维生素 C+钙香橙汁 450 mL	110	116
11	可口可乐听装 330 mL	97	83
12	雪碧汽水 2.3 L	837	831
13	酷儿橙汁 1.5 L	128	156
14	酷儿 QOO 橙汁饮料 310 mL	978	981
15	美汁源果粒橙橙汁饮料 1.25 L	301	266

表 1.1.7　出入库月报表（截至 2022 年 5 月 31 日 17:30）

序号	货物名称	入库量/箱	出库量/箱
1	可口可乐 1.25 L	76	56
2	雪碧 1.25 L	32	30
3	雪碧汽水 600 mL	59	57
4	可口可乐汽水 600 mL	133	125
5	芬达橙味汽水	55	52
6	百事可乐（听）355 mL	87	89
7	百事可乐 600 mL	33	39
8	百事可乐 1.25 L	190	175
9	百事可乐 2.5 L	40	59
10	酷儿维生素 C+钙香橙汁 450 mL	123	158
11	可口可乐听装 330 mL	88	97
12	雪碧汽水 2.3 L	1 084	773
13	酷儿橙汁 1.5 L	101	115
14	酷儿 QOO 橙汁饮料 310 mL	986	964
15	美汁源果粒橙橙汁饮料 1.25 L	253	267

表 1.1.8　出入库月报表（截至 2022 年 6 月 30 日 17:30）

序号	货物名称	入库量/箱	出库量/箱
1	可口可乐 1.25 L	38	88
2	雪碧 1.25 L	36	28
3	雪碧汽水 600 mL	70	36
4	可口可乐汽水 600 mL	147	93
5	芬达橙味汽水	60	53
6	百事可乐（听）355 mL	81	74
7	百事可乐 600 mL	37	26
8	百事可乐 1.25 L	285	276
9	百事可乐 2.5 L	70	43
10	酷儿维生素 C+钙香橙汁 450 mL	195	122
11	可口可乐听装 330 mL	50	90
12	雪碧汽水 2.3 L	797	1 257
13	酷儿橙汁 1.5 L	170	85
14	酷儿 QOO 橙汁饮料 310 mL	1 190	848
15	美汁源果粒橙橙汁饮料 1.25 L	230	300

注：因当月库存不足延期出库的，计入当月出库量数据。

（二）作业或设计要求

1. 出入库统计表

根据托盘货架区货物的出入库月报表，编制该区 2022 年 1 月到 6 月的出入库统计报表，以出库量从大到小顺序排序。

2. 编制库存信息表

根据相关库存情况、月出入库情况等信息，编制 2022 年 7 月 1 日作业前库存信息表。

3. 出入库报表可视化分析

根据 2022 年 6 月 30 日 17:30 库存结余信息表，绘制出库存结余量前三位货物的出入库统计可视化图。

绘制要求：图形为簇状柱形图，标题为“库存结余量前三位货物出入库统计”，横坐标单位为品名，纵坐标单位为箱数，在底部显示入库量和出库量数据表。

（三）出入库统计报表数据分析

1. 编制出入库统计表

（1）汇总 2022 年 1—6 月所有货物的出入库情况，计算每一种货物的入库量和出库量（见表 1.1.9）。

表 1.1.9　2022 年 1—6 月托盘货架区出入库月报表（截至 2022 年 6 月 30 日 17:30）

序号	货物名称	入库量/箱	出库量/箱
1	百事可乐（听）355 mL	554	537
2	百事可乐 1.25 L	1 264	1 243
3	百事可乐 2.5 L	616	604
4	百事可乐 600 mL	289	260
5	芬达橙味汽水	310	297
6	可口可乐 1.25 L	413	413
7	可口可乐汽水 600 mL	756	787
8	可口可乐听装 330 mL	517	499
9	酷儿 QOO 橙汁饮料 310 mL	5 901	5 891
10	酷儿橙汁 1.5 L	779	781
11	酷儿维生素 C + 钙香橙汁 450 mL	632	617
12	美汁源果粒橙橙汁饮料 1.25 L	1 581	1 588
13	雪碧 1.25 L	176	160
14	雪碧汽水 2.3 L	5 510	5 512
15	雪碧汽水 600 mL	368	395

（2）根据实训案例要求，对货物的出库量从大到小进行排序，得到 2022 年 1 月到 6 月的出入库统计报表（见表 1.1.10）。

表 1.1.10　2022 年 1—6 月托盘货架区出入库月报表（截至 2022 年 6 月 30 日 17:30）

序号	货物名称	入库量/箱	出库量/箱
1	酷儿 QOO 橙汁饮料 310 mL	5 901	5 891
2	雪碧汽水 2.3 L	5 510	5 512
3	美汁源果粒橙橙汁饮料 1.25 L	1 581	1 588
4	百事可乐 1.25 L	1 264	1 243
5	可口可乐汽水 600 mL	756	787
6	酷儿橙汁 1.5 L	779	781
7	酷儿维生素 C＋钙香橙汁 450 mL	632	617
8	百事可乐 2.5 L	616	604
9	百事可乐（听）355 mL	554	537
10	可口可乐听装 330 mL	517	499
11	可口可乐 1.25 L	413	413
12	雪碧汽水 600 mL	368	395
13	芬达橙味汽水	310	297
14	百事可乐 600 mL	289	260
15	雪碧 1.25 L	176	160

2. 编制库存信息表

（1）根据表 1.1.10 中货物出入库信息数据，结合表 1.1.2 库存结余信息计算出 2022 年 6 月 30 日 17:30 托盘货架区库存结余。例如，2021 年 12 月 31 日 17:30 可口可乐 1.25 L 的初始库存为 28 箱，该货物在 2022 年 1 月到 6 月总入库数为 413 箱，总出库数为 413 箱，得出该货物在 2022 年 6 月 30 日 17:30 库存结余为 28 箱。

（2）编制 2022 年 6 月 30 日 17:30 托盘货架区库存结余信息表（见表 1.1.11）。

表 1.1.11　托盘货架区 2022 年 6 月 30 日 17:30 库存结余信息

序号	货物名称	规格	库存结余/箱
1	可口可乐 1.25 L	箱	28
2	百事可乐（听）355 mL	箱	37
3	芬达橙味汽水	箱	33
4	可口可乐汽水 600 mL	箱	44
5	雪碧汽水 600 mL	箱	30
6	酷儿 QOO 橙汁饮料 310 mL	箱	16

续表

序号	货物名称	规格	库存结余/箱
7	雪碧 1.25 L	箱	42
8	酷儿维生素 C+钙香橙汁 450 mL	箱	27
9	美汁源果粒橙橙汁饮料 1.25 L	箱	26
10	酷儿橙汁 1.5 L	箱	41
11	雪碧汽水 2.3 L	箱	40
12	可口可乐听装 330 mL	箱	31
13	百事可乐 2.5 L	箱	41
14	百事可乐 1.25 L	箱	43
15	百事可乐 600 mL	箱	38

3. 出入库报表可视化分析

（1）将表 1.1.11 中库存结余量从大到小进行排序（见表 1.1.12），得出 2022 年 6 月 30 日 17:30 托盘货架区库存结余前三的货物分别为“可口可乐汽水 600 mL”“百事可乐 1.25 L”和“雪碧 1.25 L”。

表 1.1.12　托盘货架区 2022 年 6 月 30 日 17:30 库存结余信息

序号	货物名称	规格	库存结余/箱
1	可口可乐汽水 600 mL	箱	44
2	百事可乐 1.25 L	箱	43
3	雪碧 1.25 L	箱	42
4	酷儿橙汁 1.5 L	箱	41
5	百事可乐 2.5 L	箱	41
6	雪碧汽水 2.3 L	箱	40
7	百事可乐 600 mL	箱	38
8	百事可乐（听）355 mL	箱	37
9	芬达橙味汽水	箱	33
10	可口可乐听装 330 mL	箱	31
11	雪碧汽水 600 mL	箱	30
12	可口可乐 1.25 L	箱	28
13	酷儿维生素 C+钙香橙汁 450 mL	箱	27
14	美汁源果粒橙橙汁饮料 1.25 L	箱	26
15	酷儿 QOO 橙汁饮料 310 mL	箱	16

（2）结合表 1.1.10 中货物出入库信息得到库存结余量前三位货物的出入库统计信息（见表 1.1.13）。

表 1.1.13　托盘货架区 2022 年 6 月 30 日 17:30 库存结余信息

序号	货物名称	规格	入库量/箱	出库量/箱	库存结余/箱
1	可口可乐汽水 600 mL	箱	756	787	44
2	百事可乐 1.25 L	箱	1 264	1 243	43
3	雪碧 1.25 L	箱	176	160	42

（3）绘制库存结余量前三位货物的出入库统计可视化图（见图 1.1.2）。

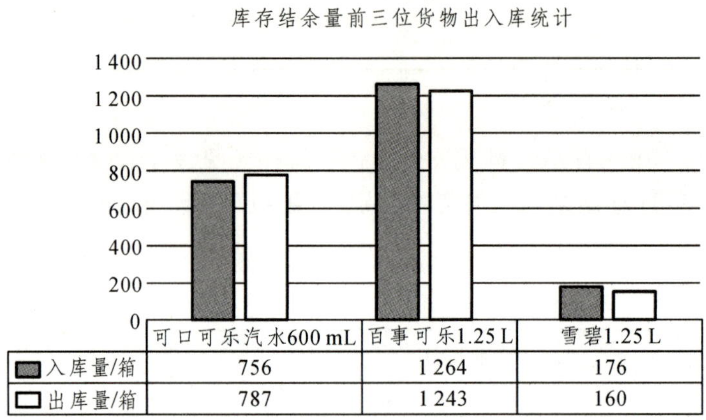

图 1.1.2　托盘货架区 2022 年 6 月 30 日 17:30 库存结余量前三位货物出入库统计可视化图

六、实训任务

（一）任务内容

1. 案例背景

L 公司是 Y 省 B 市一家主营仓储、配送于一体的单一性质的第三方物流公司，为客户提供及时准确的优质服务。L 公司所用仓库为普通的常温库，所用车辆为普通的厢式货车，其业务网络仅局限在本省 A 市、B 市和 C 市，为其提供仓储、配送等相关物流业务服务。实训任务以 L 公司物流中心的日常业务为背景，结合客户具体要求和企业管理制度，模拟完成 2022 年 7 月 4 日当天的物流作业任务优化。L 公司每天的工作时间为 8:00—17:30。

2. 库存信息（见表 1.1.14）

表 1.1.14　托盘货架区 2022 年 6 月库存结余信息（截至 6 月 30 日 17:30）

序号	货物名称	规格	托盘初始库存/箱
1	农夫山泉饮用天然水 19 L	箱	5
2	农夫山泉饮用天然水 380 mL	箱	30

续表

序号	货物名称	规格	托盘初始库存/箱
3	农夫山泉饮用天然水 4 L	箱	7
4	农夫山泉饮用天然水 550 mL	箱	4
5	农夫果园 100%橙汁 380 mL	箱	15
6	农夫果园 100%胡萝卜汁 380 mL	箱	22
7	农夫果园 30%混合果蔬橙味 1.5 L	箱	12
10	农夫果园 30%混合果蔬番茄味 1.5 L	箱	3
11	农夫果园 30%混合果蔬芒果味 1.5 L	箱	32
12	农夫果园 30%混合果蔬芒果味 500 mL	箱	14
13	尖叫活性肽运动饮料 550 mL	箱	40

3. 托盘货架区近 3 天出入库信息（见表 1.1.15～表 1.1.17）

表 1.1.15　出入库日报表（2022 年 7 月 1 日 17:30）

序号	货物名称	入库量/箱	生产日期	出库量/箱
1	水溶 C100 青皮桔味 445 mL	50	2022-04-03	6
2	水溶 C100 西柚味 445 mL	50	2022-04-03	0
3	水溶 C100 柠檬味 445 mL	120	2022-04-03	35
4	农夫果园 100%橙汁 380 mL	40	2022-05-11	15
5	农夫果园 100%番茄汁 380 mL	30	2022-05-11	6
6	农夫果园 100%胡萝卜汁 380 mL	45	2022-05-11	13
7	农夫果园 30%混合果蔬橙味 1.5 L	50	2022-05-11	23
8	农夫果园 30%混合果蔬橙味 500 mL	15	2022-05-11	2
9	农夫果园 30%混合果蔬番茄味 1.5 L	20	2022-05-11	6
10	农夫果园 30%混合果蔬番茄味 500 mL	60	2022-05-11	13
11	农夫果园 30%混合果蔬芒果味 1.5 L	0		10
12	农夫果园 30%混合果蔬芒果味 500 mL	40	2022-05-11	0
13	尖叫活性肽运动饮料 550 mL	0		12
14	尖叫纤维饮料 550 mL	100	2022-04-12	28
15	尖叫植物饮料 550 mL	0		15
16	农夫山泉饮用天然水 380 mL	0		12
17	农夫山泉饮用天然水 4 L	25	2022-04-07	10
18	农夫山泉饮用天然水 550 mL	90	2022-04-07	45
19	农夫山泉饮用天然水 5 L	30	2022-04-07	0
20	农夫山泉饮用天然水 1.5 L	10	2022-04-07	0
21	农夫山泉饮用天然水 19 L	80	2022-04-07	0

表 1.1.6 出入库日报表（2022 年 7 月 2 日 17:30）

序号	货物名称	入库量/箱	生产日期	出库量/箱
1	尖叫活性肽运动饮料 550 mL	50	2022-04-12	20
2	尖叫纤维饮料 550 mL	0		12
3	尖叫植物饮料 550 mL	30	2022-04-12	10
4	农夫果园 100%橙汁 380 mL	40	2022-05-11	15
5	农夫果园 100%番茄汁 380 mL	40	2022-05-11	19
6	农夫果园 100%胡萝卜汁 380 mL	12		0
7	农夫果园 30%混合果蔬橙味 1.5 L	60	2022-05-11	23
8	农夫果园 30%混合果蔬橙味 500 mL	10	2022-05-11	3
9	农夫果园 30%混合果蔬番茄味 1.5 L	35	2022-05-11	7
10	农夫果园 30%混合果蔬番茄味 500 mL	80	2022-05-11	20
11	农夫果园 30%混合果蔬芒果味 1.5 L	20	2022-05-11	10
12	农夫果园 30%混合果蔬芒果味 500 mL	50	2022-05-11	0
13	农夫山泉饮用天然水 1.5 L	15	2022-04-12	0
14	农夫山泉饮用天然水 19 L	100	2022-04-12	40
15	农夫山泉饮用天然水 380 mL	80	2022-04-12	22
16	农夫山泉饮用天然水 4 L	40	2022-04-12	15
17	农夫山泉饮用天然水 550 mL	150	2022-04-12	50
18	农夫山泉饮用天然水 5 L	20	2022-04-12	0
19	水溶 C100 柠檬味 445 mL	150	2022-04-10	45
20	水溶 C100 青皮桔味 445 mL	0		12

表 1.1.7 出入库日报表（2022 年 7 月 3 日 17:30）

序号	货物名称	入库量/箱	生产日期	出库量/箱
1	尖叫活性肽运动饮料 550 mL	60	2022-04-12	20
2	农夫果园 100%橙汁 380 mL	60	2022-05-11	23
3	尖叫纤维饮料 550 mL	60	2022-04-12	15
4	农夫果园 100%番茄汁 380 mL	60	2022-05-11	19
5	尖叫植物饮料 550 mL	50	2022-04-12	15
6	农夫果园 30%混合果蔬番茄味 500 mL	70	2022-05-11	30
7	农夫果园 30%混合果蔬芒果味 500 mL	80	2022-05-11	20

续表

序号	货物名称	入库量/箱	生产日期	出库量/箱
8	农夫果园 100%胡萝卜汁 380 mL	50	2022-05-11	12
9	农夫果园 30%混合果蔬橙味 1.5 L	80	2022-05-11	25
10	农夫果园 30%混合果蔬橙味 500 mL	10	2022-05-11	4
11	农夫果园 30%混合果蔬番茄味 1.5 L	40	2022-05-11	8
12	农夫山泉饮用天然水 380 mL	80	2022-04-17	23
13	农夫果园 30%混合果蔬芒果味 1.5 L	20	2022-05-11	8
14	农夫山泉饮用天然水 550 mL	200	2022-04-17	60
15	农夫山泉饮用天然水 1.5 L	10	2022-04-17	0
16	农夫山泉饮用天然水 19 L	150	2022-04-17	45
17	水溶 C100 柠檬味 445 mL	180	2022-04-10	50
18	农夫山泉饮用天然水 4 L	50	2022-04-17	15
19	水溶 C100 西柚味 445 mL	0		12
20	农夫山泉饮用天然水 5 L	10	2022-04-17	8
21	水溶 C100 青皮桔味 445 mL	0		6

（二）作业或设计要求

1. 出入库统计报表数据分析

根据托盘货架区近 3 天出入库信息，编制托盘货架区货物的出入库统计报表，以出库量从大到小排序。

2. 编制库存信息表

根据相关库存情况、月出入库情况等信息，编制 2022 年 7 月 4 日作业前库存信息表。

3. 出入库报表可视化分析

根据 2022 年 7 月 4 日作业前库存信息表，绘制库存结余前五位货物的出入库统计可视化图。

绘制要求：图形为簇状柱形图，入库量用深色表示，出库量用浅色表示，标题为“库存结余前五位”，横坐标单位为品名，纵坐标单位为箱数，在底部显示入库量和出库量数据表。

七、实训报告（见表 1.1.8）

表 1.1.8　实训报告

<table>
<tr><td>姓　名</td><td></td><td>学　号</td><td></td></tr>
<tr><td>专　业</td><td></td><td>班　级</td><td></td></tr>
<tr><td>实训日期</td><td></td><td>指导教师</td><td></td></tr>
<tr><td>实训项目</td><td colspan="3"></td></tr>
<tr><td colspan="4">实训收获及反思</td></tr>
<tr><td colspan="4"></td></tr>
</table>

任务2　ABC 分类

学习目标

素养目标

- 培养敬业精神、安全意识、节约意识和劳动意识；
- 培养学生的团队协作能力和沟通能力；
- 培养学生的工匠精神和科学精神；
- 培养学生吃苦耐劳的优良品质；
- 培养学生分析问题、解决问题的能力。

知识目标

- 掌握 ABC 分类法的原理、步骤和措施；
- 掌握 ABC 分类的评价指标。

能力目标

- 能根据相关标准对货物进行 ABC 分类；
- 能依据 ABC 分类结果实现库存的分类管理和优化。并进行相应的库存管理。

思维导图（见图 1.2.1）

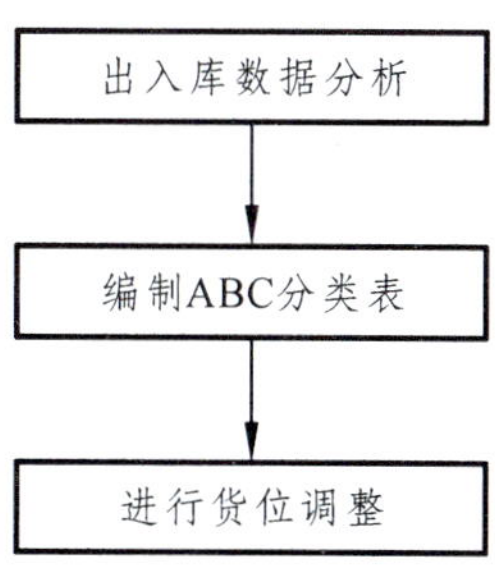

图 1.2.1　思维导图

一、项目概述

ABC 分类法是将库存物品按照设定的分类标准和要求分为特别重要的库存（A 类）、一般重要的库存（B 类）和不重要的库存（C 类）三个等级，然后针对不同等级分别进行控制的管理方法，在库存控制和货位优化中起着至关重要的作用。本项目主要通过 ABC 分类标准确定储存货物 ABC 分类，从而实现库存的分类管理和优化。

二、工作依据

（1）《物流中心作业通用规范》（GB/T 22126—2008）。

（2）《仓储作业规范》（SB/T 10977—2013）。

（3）《物流服务师国家职业技能标准（2020 版）》。

（4）《物流术语》（GB/T 18354—2021）。

（5）《物流管理职业技能等级标准（2021 年 2.0 版）》（标准代码：530001）。

三、实训环境要求

（一）场地要求

在仓储作业实训室进行，配备至少满足 40 人同时开展实训的工位。

（二）设备要求

1. 计算机设备

主要功能：满足学生进行出入库数据分析和 ABC 分类表的编制。

技术要求：安装计算机操作系统及相关软件。

2. 横梁式货架

主要功能：用于成组化货物仓储业务。

技术要求：框架由立柱、横梁、拉杆组成；货架之间安装有隔撑；横梁与立柱及斜拉杆的连接均采用高强度螺母和螺栓。

3. 装卸搬运工具（手动托盘搬运车、叉车）

主要功能：手动托盘搬运车用于低层货物成组化存取及装卸搬运，主要进行货物的水平位移；叉车用于中高层货位货物的存取或成件托盘货物的装卸和搬运作业。

技术要求：手动液压车额定起重量≥1 000 kg，起升高度为 90 ~ 185 mm；叉车为蓄电池平衡重式叉车。

4. 托盘

主要功能：用于货物成组化堆码，便于装卸搬运。

技术要求：材质为塑料、木制等；推荐规格为 1 200 mm × 1 000 mm。

四、职业能力要求

ABC 分类职业能力要求如表 1.2.1 所示。

表 1.2.1　ABC 分类职业能力要求

职业岗位	工作内容	基本技能	相关知识	技能要求
仓管员	ABC 分类	出入库数据分析	数据采集方法	按照要求收集仓储出入库相关数据，对数据进行整理、分析
		编制 ABC 分类表	ABC 分类法	分析计算出入库统计报表，根据要求分析计算，按照 ABC 分类标准，确定存储货物等级
		进行货位调整	ABC 管理策略	结合仓库储存现状，依据 ABC 分析结果对不合理货位进行调整

五、实训案例

（一）案例内容

1. 案例背景

L 公司是 M 市一家国际性综合型物流企业，主要为客户提供安全、便捷和高效的综合物流业务服务。L 公司在 M 市拥有完善的物流服务网络，依托先进的物流服务平台，业务范围覆盖 M 市及周边区域，主要为客户提供仓储、市内配送等相关物流业务服务。请结合客户具体要求和现代企业管理制度，模拟完成 2022 年 7 月 1 日前 L 公司的 ABC 分类。L 公司每天的工作时间为 8:00—17:30。

2. 库存信息（见表 1.2.2）

表 1.2.2　托盘货架区 2021 年 12 月 31 日 17:30 库存结余信息

序号	货物名称	规格	托盘初始库存/箱
1	可口可乐 1.25 L	箱	28
2	百事可乐（听）355 mL	箱	20
3	芬达橙味汽水	箱	20
4	可口可乐汽水 600 mL	箱	75
5	雪碧汽水 600 mL	箱	57
6	酷儿 QOO 橙汁饮料 310 mL	箱	6
7	雪碧 1.25 L	箱	26
8	酷儿维生素 C + 钙香橙汁 450 mL	箱	12
9	美汁源果粒橙橙汁饮料 1.25 L	箱	33
10	酷儿橙汁 1.5 L	箱	43
11	雪碧汽水 2.3 L	箱	42
12	可口可乐听装 330 mL	箱	13
13	百事可乐 2.5 L	箱	29
14	百事可乐 1.25 L	箱	22
15	百事可乐 600 mL	箱	9

3. 托盘货架区各月度出入库信息（见表 1.2.3～表 1.2.8）

表 1.2.3　出入库月报表（截至 2022 年 1 月 31 日 17:30）

序号	货物名称	入库量/箱	出库量/箱
1	可口可乐 1.25 L	71	66
2	雪碧 1.25 L	24	29
3	雪碧汽水 600 mL	58	74
4	可口可乐汽水 600 mL	119	135
5	芬达橙味汽水	45	55
6	百事可乐（听）355 mL	82	75
7	百事可乐 600 mL	52	40
8	百事可乐 1.25 L	175	208
9	百事可乐 2.5 L	122	111
10	可口可乐听装 330 mL	66	67
11	雪碧汽水 2.3 L	986	983
12	酷儿橙汁 1.5 L	124	122
13	酷儿 QOO 橙汁饮料 310 mL	999	1 109
14	美汁源果粒橙橙汁饮料 1.25 L	252	223
15	酷儿维生素 C+钙香橙汁 450 mL	65	74

表 1.2.4　出入库月报表（截至 2022 年 2 月 28 日 17:30）

序号	货物名称	入库量/箱	出库量/箱
1	可口可乐 1.25 L	78	61
2	雪碧 1.25 L	25	22
3	雪碧汽水 600 mL	74	76
4	可口可乐汽水 600 mL	136	136
5	芬达橙味汽水	50	48
6	百事可乐（听）355 mL	109	107
7	百事可乐 600 mL	40	36
8	百事可乐 1.25 L	217	214
9	百事可乐 2.5 L	124	121
10	可口可乐听装 330 mL	100	80
11	雪碧汽水 2.3 L	862	791
12	酷儿橙汁 1.5 L	99	156
13	酷儿 QOO 橙汁饮料 310 mL	934	1 077
14	美汁源果粒橙橙汁饮料 1.25 L	243	306
15	酷儿维生素 C+钙香橙汁 450 mL	75	74

表 1.2.5 出入库月报表（截至 2022 年 3 月 31 日 17:30）

序号	货物名称	入库量/箱	出库量/箱
1	可口可乐 1.25 L	76	68
2	雪碧 1.25 L	35	30
3	雪碧汽水 600 mL	60	73
4	可口可乐汽水 600 mL	111	155
5	芬达橙味汽水	55	43
6	百事可乐（听）355 mL	105	98
7	百事可乐 1.25 L	233	204
8	百事可乐 600 mL	51	46
9	百事可乐 2.5 L	220	225
10	可口可乐听装 330 mL	116	82
11	雪碧汽水 2.3 L	944	877
12	酷儿橙汁 1.5 L	157	147
13	酷儿 QOO 橙汁饮料 310 mL	814	912
14	美汁源果粒橙橙汁饮料 1.25 L	302	226
15	酷儿维生素 C＋钙香橙汁 450 mL	64	73

表 1.2.6 出入库月报表（截至 2022 年 4 月 30 日 17:30）

序号	货物名称	入库量/箱	出库量/箱
1	可口可乐 1.25 L	74	74
2	雪碧 1.25 L	24	21
3	雪碧汽水 600 mL	47	79
4	可口可乐汽水 600 mL	110	143
5	芬达橙味汽水	45	46
6	百事可乐（听）355 mL	90	94
7	百事可乐 600 mL	76	73
8	百事可乐 1.25 L	164	166
9	百事可乐 2.5 L	40	45
10	酷儿维生素 C＋钙香橙汁 450 mL	110	116
11	可口可乐听装 330 mL	97	83
12	雪碧汽水 2.3 L	837	831
13	酷儿橙汁 1.5 L	128	156
14	酷儿 QOO 橙汁饮料 310 mL	978	981
15	美汁源果粒橙橙汁饮料 1.25 L	301	266

表 1.2.7　出入库月报表（截至 2022 年 5 月 31 日 17:30）

序号	货物名称	入库量/箱	出库量/箱
1	可口可乐 1.25 L	76	56
2	雪碧 1.25 L	32	30
3	雪碧汽水 600 mL	59	57
4	可口可乐汽水 600 mL	133	125
5	芬达橙味汽水	55	52
6	百事可乐（听）355 mL	87	89
7	百事可乐 600 mL	33	39
8	百事可乐 1.25 L	190	175
9	百事可乐 2.5 L	40	59
10	酷儿维生素 C+钙香橙汁 450 mL	123	158
11	可口可乐听装 330 mL	88	97
12	雪碧汽水 2.3 L	1 084	773
13	酷儿橙汁 1.5 L	101	115
14	酷儿 QOO 橙汁饮料 310 mL	986	964
15	美汁源果粒橙橙汁饮料 1.25 L	253	267

表 1.2.8　出入库月报表（截至 2022 年 6 月 30 日 17:30）

序号	货物名称	入库量/箱	出库量/箱
1	可口可乐 1.25 L	38	88
2	雪碧 1.25 L	36	28
3	雪碧汽水 600 mL	70	36
4	可口可乐汽水 600 mL	147	93
5	芬达橙味汽水	60	53
6	百事可乐（听）355 mL	81	74
7	百事可乐 600 mL	37	26
8	百事可乐 1.25 L	285	276
9	百事可乐 2.5 L	70	43
10	酷儿维生素 C+钙香橙汁 450 mL	195	122
11	可口可乐听装 330 mL	50	90
12	雪碧汽水 2.3 L	797	1 257
13	酷儿橙汁 1.5 L	170	85
14	酷儿 QOO 橙汁饮料 310 mL	1 190	848
15	美汁源果粒橙橙汁饮料 1.25 L	230	300

注：因当月库存不足延期出库的，计入当月出库量数据。

4. 托盘货架区货物存储情况图（部分）（见图 1.2.2）

	百事可乐 600 mL	美汁源果粒橙橙汁饮料 1.25 L
A00200	A00201	A00202
酷儿 QOO 橙汁饮料 310 mL	百事可乐 1.25 L	
A00100	A00101	A00102
	雪碧汽水 2.3 L	
A00000	A00001	A00002

图 1.2.2　托盘货架区货物存储情况图（部分）

（二）作业或设计要求

根据托盘货架区 2022 年 1—6 月出入库统计报表，完成该区货物的 ABC 分类表，计算过程保留两位小数，并对不符合 ABC 管理策略的货物进行货位调整。

分类标准如表 1.2.9 所示。

表 1.2.9　分类标准

累计出库量占比/%	0<A≤70	70<B≤85	85<C≤100
累计品种占比/%	0<A≤20	20<B≤50	50<C≤100

（三）ABC 分类

1. 出入库数据分析

（1）汇总 2022 年 1—6 月托盘货架区货物出入库信息，计算每一种货物的出库量（见表 1.2.10）。

表 1.2.10　2022 年 1—6 月托盘货架区出入库月报表（截至 2022 年 6 月 30 日 17:30）

序号	货物名称	入库量/箱	出库量/箱
1	百事可乐（听）355 mL	554	537
2	百事可乐 1.25 L	1 264	1 243
3	百事可乐 2.5 L	616	604
4	百事可乐 600 mL	289	260
5	芬达橙味汽水	310	297

续表

序号	货物名称	入库量/箱	出库量/箱
6	可口可乐 1.25 L	413	413
7	可口可乐汽水 600 mL	756	787
8	可口可乐听装 330 mL	517	499
9	酷儿 QOO 橙汁饮料 310 mL	5 901	5 891
10	酷儿橙汁 1.5 L	779	781
11	酷儿维生素 C+钙香橙汁 450 mL	632	617
12	美汁源果粒橙橙汁饮料 1.25 L	1 581	1 588
13	雪碧 1.25 L	176	160
14	雪碧汽水 2.3 L	5 510	5 512
15	雪碧汽水 600 mL	368	395

（2）对表 1.2.10 中的货物出库量从大到小进行排序（见表 1.2.11）。

表 1.2.11　2022 年 1—6 月托盘货架区出入库月报表（截至 2022 年 6 月 30 日 17:30）

序号	货物名称	入库量/箱	出库量/箱
1	酷儿 QOO 橙汁饮料 310 mL	5 901	5 891
2	雪碧汽水 2.3 L	5 510	5 512
3	美汁源果粒橙橙汁饮料 1.25 L	1 581	1 588
4	百事可乐 1.25 L	1 264	1 243
5	可口可乐汽水 600 mL	756	787
6	酷儿橙汁 1.5 L	779	781
7	酷儿维生素 C+钙香橙汁 450 mL	632	617
8	百事可乐 2.5 L	616	604
9	百事可乐（听）355 mL	554	537
10	可口可乐听装 330 mL	517	499
11	可口可乐 1.25 L	413	413
12	雪碧汽水 600 mL	368	395
13	芬达橙味汽水	310	297
14	百事可乐 600 mL	289	260
15	雪碧 1.25 L	176	160

（3）计算 2022 年 1—6 月期间每一种货物出库量与出库总量的比值。以“酷儿 QOO 橙汁饮料 310 mL”为例，所有货物的出库量总量为 19 584 箱，则该货物出库量占比为 5 891/19 584 × 100% ≈ 30.08%（计算过程保留两位小数），以此类推，得到表 1.2.12。

表 1.2.12　2022 年 1—6 月托盘货架区出入库月报表（截至 2022 年 6 月 30 日 17:30）

序号	货物名称	规格	入库量/箱	出库量/箱	出库量占比/%
1	酷儿 QOO 橙汁饮料 310 mL	箱	5 901	5 891	30.08
2	雪碧汽水 2.3 L	箱	5 510	5 512	28.15
3	美汁源果粒橙橙汁饮料 1.25 L	箱	1 581	1 588	8.11
4	百事可乐 1.25 L	箱	1 264	1 243	6.35
5	可口可乐汽水 600 mL	箱	756	787	4.02
6	酷儿橙汁 1.5 L	箱	779	781	3.99
7	酷儿维生素 C + 钙香橙汁 450 mL	箱	632	617	3.15
8	百事可乐 2.5 L	箱	616	604	3.08
9	百事可乐（听）355 mL	箱	554	537	2.74
10	可口可乐听装 330 mL	箱	517	499	2.55
11	可口可乐 1.25 L	箱	413	413	2.11
12	雪碧汽水 600 mL	箱	368	395	2.02
13	芬达橙味汽水	箱	310	297	1.52
14	百事可乐 600 mL	箱	289	260	1.33
15	雪碧 1.25 L	箱	176	160	0.82

2. 编制 ABC 分类表

计算出每种货物的累计出库量占比和累计品种占比，根据 ABC 分类标准，对货物进行 ABC 分类，如表 1.2.13 所示。

表 1.2.13　托盘货架区货物 ABC 分类表

序号	货物名称	规格	累计出库量占比/%	累计品种占比/%	分类结果
1	酷儿 QOO 橙汁饮料 310 mL	箱	30.08	6.67	A
2	雪碧汽水 2.3 L	箱	58.23	13.33	A
3	美汁源果粒橙橙汁饮料 1.25 L	箱	66.33	20.00	A
4	百事可乐 1.25 L	箱	72.68	26.67	B
5	可口可乐汽水 600 mL	箱	76.70	33.33	B
6	酷儿橙汁 1.5 L	箱	80.69	40.00	B

续表

序号	货物名称	规格	累计出库量占比/%	累计品种占比/%	分类结果
7	酷儿维生素 C+钙香橙汁 450 mL	箱	83.84	46.67	B
8	百事可乐 2.5 L	箱	86.92	53.33	C
9	百事可乐（听）355 mL	箱	89.67	60.00	C
10	可口可乐听装 330 mL	箱	92.21	66.67	C
11	可口可乐 1.25 L	箱	94.32	73.33	C
12	雪碧汽水 600 mL	箱	96.34	80.00	C
13	芬达橙味汽水	箱	97.86	86.67	C
14	百事可乐 600 mL	箱	99.18	93.33	C
15	雪碧 1.25 L	箱	100.00	100.00	C

3. 进行货位调整

从表 1.2.13 ABC 分类表结果可知，L 公司托盘货架区存储现状不符合 ABC 管理策略。需将“酷儿 QOO 橙汁饮料 310 mL”由 A00100 货位调整至 A00000 货位；“美汁源果粒橙橙汁饮料 1.25 L”由 A00202 货位调整至 A00002 货位，调整后托盘货架区货物存储情况如图 1.2.3 所示。

	百事可乐 600 mL	
A00200	A00201	A00202
	百事可乐 1.25 L	
A00100	A00101	A00102
酷儿 QOO 橙汁饮料 310 mL	雪碧汽水 2.3 L	美汁源果粒橙橙汁饮料 1.25 L
A00000	A00001	A00002

图 1.2.3　托盘货架区货物存储情况图（部分）

六、实训任务

（一）任务内容

1. 案例背景

L 公司是 Y 省 B 市一家主营仓储、配送于一体的单一性质的第三方物流公司，为客户提供及时准确的优质服务。L 公司所用仓库为普通的常温库，所用车辆为普通的厢式货车，其业务网络仅局限在本省A市、B市和C市，为其提供仓储、配送等相关物流业务服务。实训任务以L公司物流中心的日常业务为背景，结合客户具体要求和企业管理制度，模拟完成2022年7月8日当天的物流作业任务优化。L公司每天的工作时间为8:00—17:30。

2. 托盘货架区近7天出入库信息（见表1.2.14～表1.2.20）

表1.2.14　出入库日报表（2022年7月1日17:30）

序号	货物名称	出库量/箱
1	尖叫活性肽运动饮料550 mL	10
2	尖叫纤维饮料550 mL	23
3	尖叫植物饮料550 mL	14
4	水溶C100柠檬味445 mL	15
5	农夫果园100%橙汁380 mL	18
6	农夫果园100%番茄汁380 mL	8
7	农夫果园100%胡萝卜汁380 mL	15
8	农夫果园30%混合果蔬橙味1.5 L	16
9	农夫果园30%混合果蔬番茄味1.5 L	5
10	农夫果园30%混合果蔬番茄味500 mL	12
11	农夫果园30%混合果蔬芒果味1.5 L	6
12	农夫果园30%混合果蔬芒果味500 mL	9
13	农夫山泉饮用天然水19 L	13
14	农夫山泉饮用天然水4 L	6
15	农夫山泉饮用天然水550 mL	7

表1.2.15　出入库日报表（2022年7月2日17:30）

序号	货物名称	出库量/箱
1	农夫果园100%胡萝卜汁380 mL	16
2	农夫果园30%混合果蔬橙味1.5 L	21
3	尖叫活性肽运动饮料550 mL	16
4	农夫果园30%混合果蔬橙味500 mL	5
5	农夫果园30%混合果蔬番茄味1.5 L	9
6	尖叫纤维饮料550 mL	23
7	农夫果园30%混合果蔬番茄味500 mL	17
8	农夫果园30%混合果蔬芒果味500 mL	24
9	水溶C100西柚味445 mL	3

续表

序号	货物名称	出库量/箱
10	农夫山泉饮用天然水 380 mL	14
11	农夫果园 100%番茄汁 380 mL	8
12	农夫山泉饮用天然水 5 L	20
13	水溶 C100 柠檬味 445 mL	45
14	农夫山泉饮用天然水 1.5 L	6
15	农夫山泉饮用天然水 19 L	38
16	农夫山泉饮用天然水 4 L	6
17	农夫山泉饮用天然水 550 mL	27
18	水溶 C100 青皮桔味 445 mL	2

表 1.2.16 出入库日报表（2022 年 7 月 3 日 17:30）

序号	货物名称	出库量/箱
1	农夫果园 30%混合果蔬橙味 500 mL	2
2	农夫果园 30%混合果蔬番茄味 1.5 L	9
3	农夫果园 30%混合果蔬番茄味 500 mL	15
4	尖叫活性肽运动饮料 550 mL	12
5	水溶 C100 西柚味 445 mL	4
6	尖叫植物饮料 550 mL	13
7	农夫果园 100%橙汁 380 mL	20
8	农夫果园 100%番茄汁 380 mL	11
9	农夫山泉饮用天然水 380 mL	17
10	水溶 C100 柠檬味 445 mL	50
11	尖叫纤维饮料 550 mL	32
12	农夫果园 30%混合果蔬芒果味 1.5 L	8
13	农夫果园 30%混合果蔬芒果味 500 mL	21
14	农夫山泉饮用天然水 1.5 L	6
15	农夫山泉饮用天然水 19 L	25
16	农夫山泉饮用天然水 550 mL	33
17	农夫山泉饮用天然水 4 L	10

表 1.2.17　出入库日报表（2022 年 7 月 4 日 17:30）

序号	货物名称	出库量/箱
1	尖叫活性肽运动饮料 550 mL	15
2	水溶 C100 西柚味 445 mL	15
3	尖叫纤维饮料 550 mL	10
4	水溶 C100 柠檬味 445 mL	50
5	尖叫植物饮料 550 mL	12
6	农夫山泉饮用天然水 550 mL	60
7	农夫果园 100%橙汁 380 mL	20
8	农夫山泉饮用天然水 380 mL	23
9	农夫果园 100%番茄汁 380 mL	16
10	农夫山泉饮用天然水 1.5 L	7
11	农夫果园 100%胡萝卜汁 380 mL	11
12	农夫果园 30%混合果蔬芒果味 1.5 L	8
13	农夫果园 30%混合果蔬橙味 1.5 L	30
14	农夫山泉饮用天然水 4 L	15
15	农夫果园 30%混合果蔬橙味 500 mL	3
16	农夫山泉饮用天然水 19 L	50
17	农夫果园 30%混合果蔬番茄味 1.5 L	8
18	农夫果园 30%混合果蔬芒果味 500 mL	25
19	农夫果园 30%混合果蔬番茄味 500 mL	20

表 1.2.18　出入库日报表（2022 年 7 月 5 日 17:30）

序号	货物名称	出库量/箱
1	尖叫活性肽运动饮料 550 mL	18
2	农夫山泉饮用天然水 550 mL	45
3	尖叫植物饮料 550 mL	8
4	农夫果园 100%橙汁 380 mL	13
5	农夫果园 100%番茄汁 380 mL	23
6	农夫果园 100%胡萝卜汁 380 mL	16

续表

序号	货物名称	出库量/箱
7	农夫山泉饮用天然水 19 L	44
8	农夫山泉饮用天然水 380 mL	24
9	农夫山泉饮用天然水 4 L	15
10	农夫果园 30%混合果蔬橙味 1.5 L	20
11	农夫果园 30%混合果蔬橙味 500 mL	4
12	农夫果园 30%混合果蔬番茄味 1.5 L	9
13	农夫果园 30%混合果蔬番茄味 500 mL	30
14	农夫山泉饮用天然水 5 L	20
15	水溶 C100 柠檬味 445 mL	45
16	尖叫纤维饮料 550 mL	13
17	农夫果园 30%混合果蔬芒果味 1.5 L	8
18	农夫果园 30%混合果蔬芒果味 500 mL	30

表 1.2.19　出入库日报表（2022 年 7 月 6 日 17:30）

序号	货物名称	出库量/箱
1	农夫果园 30%混合果蔬番茄味 500 mL	30
2	农夫果园 30%混合果蔬芒果味 1.5 L	10
3	农夫果园 30%混合果蔬芒果味 500 mL	20
4	农夫果园 100%橙汁 380 mL	27
5	农夫果园 100%番茄汁 380 mL	13
6	农夫果园 100%胡萝卜汁 380 mL	10
7	农夫果园 30%混合果蔬橙味 1.5 L	35
8	尖叫活性肽运动饮料 550 mL	22
9	农夫果园 30%混合果蔬橙味 500 mL	4
10	尖叫植物饮料 550 mL	17
11	农夫果园 30%混合果蔬番茄味 1.5 L	10
12	尖叫纤维饮料 550 mL	18
13	水溶 C100 柠檬味 445 mL	70

续表

序号	货物名称	出库量/箱
14	水溶 C100 青皮桔味 445 mL	8
15	农夫山泉饮用天然水 380 mL	31
16	农夫山泉饮用天然水 1.5 L	8
17	农夫山泉饮用天然水 19 L	40
18	农夫山泉饮用天然水 5 L	6
19	农夫山泉饮用天然水 4 L	16
20	农夫山泉饮用天然水 550 mL	58
21	水溶 C100 西柚味 445 mL	10

表 1.2.20　出入库日报表（2022 年 7 月 7 日 17:30）

序号	货物名称	出库量/箱
1	农夫山泉饮用天然水 380 mL	28
2	农夫山泉饮用天然水 550 mL	60
3	尖叫活性肽运动饮料 550 mL	18
4	尖叫纤维饮料 550 mL	15
5	尖叫植物饮料 550 mL	20
6	水溶 C100 柠檬味 445 mL	50
7	农夫果园 100%番茄汁 380 mL	16
8	农夫果园 100%胡萝卜汁 380 mL	12
9	水溶 C100 青皮桔味 445 mL	6
10	农夫果园 30%混合果蔬橙味 500 mL	4
11	水溶 C100 西柚味 445 mL	10
12	农夫果园 30%混合果蔬番茄味 500 mL	30
13	农夫果园 30%混合果蔬芒果味 1.5 L	8
14	农夫果园 30%混合果蔬芒果味 500 mL	25
15	农夫山泉饮用天然水 19 L	45
16	农夫果园 100%橙汁 380 mL	18
17	农夫山泉饮用天然水 4 L	20
18	农夫果园 30%混合果蔬橙味 1.5 L	30
19	农夫山泉饮用天然水 5 L	4
20	农夫果园 30%混合果蔬番茄味 1.5 L	9

3. 托盘货架区货物存储情况图（部分）（见图 1.2.4）

农夫果园 100%橙汁 380 mL		
A00200	A00201	A00202
	农夫果园 30%混合果蔬橙味 500 mL	农夫果园 30%混合果蔬番茄味 500 mL
A00100	A00101	A00102
农夫山泉饮用天然水 380 mL	农夫果园 100%番茄汁 380 mL	
A00000	A00001	A00002

图 1.2.4　托盘货架区货物存储情况图（部分）

（二）作业或设计要求

根据托盘货架区近 7 天的总出库量，完成托盘货架区的 ABC 分类，过程保留两位小数，并对不符合 ABC 管理策略的货物进行货位调整。

分类标准如表 1.2.21 所示。

表 1.2.21　分类标准

累计出库量占比/%	0<A≤60	60<B≤90	90<C≤100
累计品种占比/%	0<A≤35	35<B≤70	70<C≤100

七、实训报告（见表 1.2.22）

表 1.2.22　实训报告

<table>
<tr><td>姓　名</td><td></td><td>学　号</td><td></td></tr>
<tr><td>专　业</td><td></td><td>班　级</td><td></td></tr>
<tr><td>实训日期</td><td></td><td>指导教师</td><td></td></tr>
<tr><td>实训项目</td><td colspan="3"></td></tr>
<tr><td colspan="4">实训收获及反思</td></tr>
<tr><td colspan="4"></td></tr>
</table>

任务3　入库作业计划表

学习目标

素养目标

- 培养敬业精神、安全意识、节约意识和劳动意识；
- 培养学生的团队协作能力和沟通能力；
- 培养学生的工匠精神和科学精神；
- 培养学生分析问题、解决问题的能力。

知识目标

- 掌握各种类型仓库的空间计算指标；
- 掌握入库作业计划表的填写规范。

能力目标

- 能够根据入库任务合理规划存储空间；
- 能够准确核算并填写单证和报表。

思维导图（见图1.3.1）

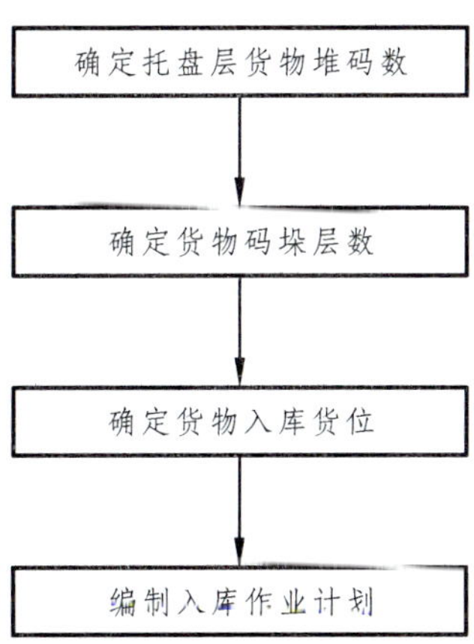

图1.3.1　思维导图

一、项目概述

根据入库通知单提供的货物信息，结合货架规格、托盘规格、作业净空要求以及包装规格，编制组托入库作业计划表。

编制原则：

（1）优先使用编号较小的托盘，按入库通知单上的货物顺序组托、入库。

（2）货物使用不止一个托盘时，优先安排货物数量多的托盘入库。

（3）A 类货品应入库到一层，B 类货品应入库到二层，C 类货物应入库到三层，每个储位只允许码放一个托盘。

（4）优先存放在货位号较小的位置。

（5）不得拼托。

二、工作依据

（1）《物流管理职业技能等级标准（2021 年 2.0 版）》（标准代码：530001）。

（2）《物流术语》（GB/T 18354—2021）。

（3）《物流服务师国家职业技能标准（2020 版）》。

（4）《仓储作业规范》（SB/T 10977—2013）。

（5）《物流中心作业通用规范》（GB/T 22126—2008）。

三、实训环境要求

（一）场地要求

在仓储作业实训室进行，配备至少满足 40 人同时开展实训的工位。

（二）设备要求（计算机设备）

主要功能：满足学生使用 Word 及 Excel 完成入库作业计划表。

技术要求：安装计算机操作系统及相关软件。

四、职业能力要求（见表 1.3.1）

表 1.3.1 编制入库作业计划表职业能力要求

职业岗位	工作内容	基本技能	相关知识	技能要求
仓管员	入库作业	编制入库作业计划表	入库作业的知识和流程	能接收到货通知信息，确认作业计划
			确定托盘层货物堆码数量	能根据已知信息，确定每托盘层可堆码的货物数量
			确定货物码垛层数	能根据已知信息，确定货物可堆垛层数
			确定货物入库货位	能根据已知信息，确定货物入库货位
			填写入库作业信息	能根据计算结果，填写入库作业信息

五、实训案例

（一）案例内容

1. 案例背景

L公司是M市一家国际性综合型物流企业，主要为客户提供安全、便捷和高效的综合物流业务服务。L公司在M市拥有完善的物流服务网络，依托先进的物流服务平台，业务范围覆盖M市及周边区域，主要为客户提供仓储、市内配送等相关物流业务服务。请以L公司的日常业务为背景，结合客户具体要求和企业管理制度，完成2022年1月1日当天的物流作业任务优化。L公司每天的工作时间为8:00—17:30。

2. 托盘和货架尺寸（见表1.3.2）

表1.3.2 托盘和货架尺寸

名称	规格要求	数量
托盘货架	横梁式，1排6列3层货位： 第1层2 600 mm×800 mm×1 170 mm； 第2层2 600 mm×800 mm×1 130 mm； 第3层2 600 mm×800 mm×1 120 mm	若干组
托盘	1 200 mm×1 000 mm×150 mm，木质托盘	一批
作业净空要求	≥150 mm	

3. 库存信息

整箱的生活用品存放在货架A区，货物信息如表1.3.3所示。整箱的食品存放在货架B区，货物信息如表1.3.4所示。

表1.3.3 托盘货架A区货物信息（截至2021年12月31日18:00）

序号	储位	货物名称	规格	库存量/箱
1	A00000	高露洁牙膏奇绩修护牙膏180 g	箱	19
2	A00001	舒适达抗敏感专业修复牙膏100 g	箱	25
3	A00002	佳洁士清透美白牙膏20 g	箱	20
4	A00003	高露洁光感美白牙膏85 g	箱	16
5	A00100	佳洁士锁白致尚技术牙膏20 g	箱	18
6	A00104	舒适达抗敏感多重倍护牙膏100 g	箱	30
7	A00201	蓝月亮洗衣液	箱	22
8	A00202	蓝月亮洗手液	箱	32
9	A00203	两面针强健护龈牙膏140 g	箱	18
10	A00204	两面针清火消溃牙膏120 g	箱	21

表 1.3.4　托盘货架 B 区货物信息（截至 2021 年 12 月 31 日 18:00）

序号	储位	货物名称	单位	库存量/箱
1	B00000	阿尔卑斯牛奶硬糖	箱	14
2	B00001	徐福记小叭叭棉花糖 468 g	箱	15
3	B00002	徐福记小叭叭酥心糖 520 g	箱	9
4	B00003	康师傅冰红茶	箱	14
5	B00100	元气森林醇香乌龙茶 500 mL	箱	26
6	B00101	元气森林原味乳茶 300 mL	箱	15
7	B00102	脉动青柠口味饮料 400 mL	箱	27
8	B00201	康师傅柠檬红茶	箱	33
9	B00202	维他经典柠檬茶	箱	31
10	B00203	脉动雪柚橘子口味饮料 400 mL	箱	7

4. 货物 ABC 分类表

（1）生活用品区货物 ABC 分类信息如表 1.3.5 所示。

表 1.3.5　生活用品区货物 ABC 分类信息（截至 2021 年 12 月 31 日 18:00）

序号	货品名称	累计出库量占比/%	分类结果
1	高露洁牙膏奇绩修护牙膏 180 g	25.41	A
2	高露洁光感美白牙膏 85 g	43.44	
3	舒适达抗敏感专业修复牙膏 100 g	58.60	
4	佳洁士清透美白牙膏 20 g	69.30	
5	舒适达抗敏感多重倍护牙膏 100 g	79.40	B
6	佳洁士锁白致尚技术牙膏 20 g	85.39	
7	两面针清火消溃牙膏 120 g	91.19	C
8	两面针强健护龈牙膏 140 g	95.32	
9	蓝月亮洗衣液	97.97	
10	蓝月亮洗手液	100.00	

（2）食品区货物 ABC 分类信息如表 1.3.6 所示。

表 1.3.6　食品区货物 ABC 分类信息（截至 2021 年 12 月 31 日 18:00）

序号	货物名称	累计出库量占比/%	分类结果
1	阿尔卑斯牛奶硬糖	36.88	A
2	徐福记小叭叭棉花糖 468 g	52.51	
3	徐福记小叭叭酥心糖 520 g	63.11	
4	元气森林原味乳茶 300 mL	71.91	B
5	脉动青柠口味饮料 400 mL	77.60	
6	康师傅冰红茶	83.19	
7	元气森林醇香乌龙茶 500 mL	88.75	
8	康师傅柠檬红茶	93.86	C
9	维他经典柠檬茶	97.24	
10	脉动雪柚橘子口味饮料 400 mL	100.00	

5. 物流作业计划信息（见表 1.3.7 和表 1.3.8）

表 1.3.7　入库通知单 1

客户名称：A 公司　　入库通知单号：20211231R01

入库库房：L 公司仓库　　预计入库时间：2022-01-01 8:00

序号	货品名称	包装规格/mm	数量	单位	批次号	备注
1	高露洁光感美白牙膏 85 g	190×370×270	45	箱	20211216	限高三层
2	佳洁士锁白致尚技术牙膏 20 g	300×580×200	30	箱	20211231	限高四层

表 1.3.8　入库通知单 2

客户名称：A 公司　　入库通知单号：20211231R02

入库库房：L 公司仓库　　预计入库时间：2022-01-01 16:00

序号	货品名称	包装规格/mm	数量	单位	批次号	备注
1	徐福记小叭叭酥心糖 520 g	285×380×270	25	箱	20211209	限高三层

（二）作业或设计要求

根据入库通知单，结合货架区规格、托盘规格、作业净空要求以及包装规格，编制组托入库作业计划表。

入库原则：

（1）优先使用编号较小的托盘，按入库通知单上的货物顺序组托、入库；

（2）货物使用不止一个托盘时，优先安排货物数量多的托盘入库；

（3）A 类货品应入库到一层，B 类货品应入库到二层，C 类货物应入库到三层，每个储位只允许码放一个托盘；

（4）优先存放在货位号较小的位置；

（5）不得拼托。

（三）编制组托入库作业计划表

1. 计算托盘层货物堆码数量（以高露洁光感美白牙膏 85 g 货物为例）

根据表 1.3.2 可知，木质托盘的尺寸为 1 200 mm × 1 000 mm × 150 mm，即托盘的长为 1 200 mm，宽为 1 000 mm。

根据表 1.3.7 可知，高露洁光感美白牙膏额规格为 190 mm × 370 mm × 270 mm，即货物包装的长为 370 mm，宽为 190 mm。

（1）计算托盘的最大层堆码数量。

$$N_{\max}=\frac{\text{托盘面积}}{\text{货物包装面积}}=\frac{1\,200\times1\,000}{190\times370}=17.09$$

根据上述计算可知，托盘每层最多可堆码 17 箱该货物。但在实际堆码的过程中，要考虑货物均以箱为单位堆码，所以要计算实际托盘的层堆码数量。

（2）计算托盘的实际层堆码数量。

① 货物竖向堆码：

$$L_{1\max}=\frac{\text{托盘长}}{\text{货物包装长}}=\frac{1\,200}{370}=3.24$$

$$W_{1\max}=\frac{\text{托盘宽}}{\text{货物包装宽}}=\frac{1\,000}{190}=5.26$$

根据计算可得，托盘层可堆码货物为 15 箱。

② 货物横向堆码：

$$L_{2\max}=\frac{\text{托盘长}}{\text{货物包装宽}}=\frac{1\,200}{190}=6.31$$

$$W_{2\max}=\frac{\text{托盘宽}}{\text{货物包装长}}=\frac{1\,000}{370}=2.7$$

根据计算可得，托盘层可堆码货物为 12 箱。

通过上述计算可知：托盘每层堆码货物（高露洁光感美白牙膏 85 g）的实际数量为 15 箱。

2. 计算货物码垛层数（以高露洁光感美白牙膏 85 g 货物为例）

根据货物 ABC 分类表可知，高露洁光感美白牙膏 85 g 货物属于生活用品区 A 类货物，应入库到一层。

根据托盘和货架尺寸表可知，托盘货架第 1 层高度为 1 170 mm，托盘高度为 150 mm，作业净空要求≥150 mm，则货物堆码高度≤870 mm。

根据入库通知单可知，高露洁光感美白牙膏 85 g 货物包装箱高度为 270 mm，数量为 45（箱），可以堆码三层，共计需要托盘 1 个。

3. 确定货物入库货位（以高露洁光感美白牙膏 85 g 货物为例）

根据货物 ABC 分类表可知，高露洁光感美白牙膏 85 g 货物属于生活用品区 A 类货物，应入库到一层。

根据货架 A 区库存货物信息表可知，高露洁光感美白牙膏 85 g 货物入库货位为 A00004。

4. 根据计算结果编制组托入库作业计划表（见表 1.3.9）

表 1.3.9　入库作业计划表

序号	货品条码	货品名称	包装规格 /mm	入库量 /箱	码垛层数	入库货位
1	20210X00002	高露洁光感美白牙膏 85 g	190×370×270	45	3	A00004
2	20210X00005	佳洁士锁白致尚技术牙膏 20 g	300×580×200	24	4	A00101
3	20210X00005	佳洁士锁白致尚技术牙膏 20 g	300×580×200	6	1	A00102
4	20210X00018	徐福记小叭叭酥心糖 520 g	285×380×270	25	3	B00004

六、实训任务

（一）任务内容

1. 案例背景

L 公司成立于 2021 年 4 月，是 Y 省 B 市一家主营仓储、配送于一体的单一性质的第三方物流公司，为客户提供及时准确的优质服务。L 公司所用仓库为普通的常温库，所用车辆为普通的厢式货车，其业务网络仅限在 Y 省 B 市、Y 省 A 市和 Y 省 C 市，为其提供仓储、配送等相关物流业务服务。以 L 公司物流中心的日常业务为背景，结合客户具体要求和企业管理制度，模拟完成 2022 年 6 月 21 日当天的物流作业任务优化。L 公司每天的工作时间为 8:00—17:30。

2. 托盘和货架尺寸（见表 1.3.10）

表 1.3.10 托盘和货架尺寸

名称	规格要求	数量
托盘货架	横梁式，1 排 10 列 3 层货位，每层的单货位承重均≤500 kg： 第一层 2 450 mm×1 100 mm×1 140 mm； 第二层 2 450 mm×1 100 mm×1 110 mm； 第三层 2 450 mm×1 100 mm×1 110 mm	若干组
托盘	1 200 mm×1 000 mm×150 mm，PVC 托盘，20 kg/个	一批

注：作业净空要求≥160 mm。

3. 库存信息（见表 1.3.11）

表 1.3.11 托盘货架 A 区货物托 2022 年 06 月库存结余信息（截至 6 月 10 日 17:30）

序号	储位	货物名称	单位	库存量/箱
1	A00000	农夫山泉饮用天然水 19 L	箱	5
2	A00001	农夫山泉饮用天然水 380 mL	箱	30
3	A00002	农夫山泉饮用天然水 4 L	箱	7
4	A00003	农夫山泉饮用天然水 550 mL	箱	4
5	A00100	农夫果园 100%橙汁 380 mL	箱	15
6	A00104	农夫果园 100%胡萝卜汁 380 mL	箱	22
7	A00201	农夫果园 30%混合果蔬橙味 1.5 L	箱	12
8	A00202	农夫果园 30%混合果蔬番茄味 1.5 L	箱	3
9	A00203	农夫果园 30%混合果蔬芒果味 1.5 L	箱	32
10	A00204	农夫果园 30%混合果蔬芒果味 500 mL	箱	14
11		尖叫活性肽运动饮料 550 mL	箱	40
12		尖叫纤维饮料 550 mL	箱	28
13		尖叫植物饮料 550 mL	箱	36

4. 货物 ABC 分类表（见表 1.3.12）

表 1.3.12 托盘货架 A 区货物托 2022 年 06 月库存结余信息（截至 6 月 10 日 17:30）

序号	货物名称	出库量/箱	累计品种占比/%	累计出库量占比/%	分类结果
1	水溶 C100 柠檬味 445 mL	455	4.76	13.22	A
2	农夫山泉饮用天然水 550 mL	445	9.52	26.14	A
3	农夫山泉饮用天然水 19 L	340	14.29	36.02	A
4	农夫果园 30%混合果蔬橙味 1.5 L	223	19.05	42.49	A
5	农夫果园 30%混合果蔬番茄味 500 mL	217	23.81	48.79	A
6	农夫山泉饮用天然水 380 mL	194	28.57	54.43	A
7	尖叫纤维饮料 550 mL	189	33.33	59.92	A
8	农夫果园 30%混合果蔬芒果味 500 mL	174	38.10	64.97	B
9	农夫果园 100%橙汁 380 mL	169	42.86	69.88	B
10	尖叫活性肽运动饮料 550 mL	163	47.62	74.62	B
11	农夫果园 100%番茄汁 380 mL	139	52.38	78.65	B
12	农夫山泉饮用天然水 4 L	128	57.14	82.37	B
13	尖叫植物饮料 550 mL	124	61.90	85.97	B
14	农夫果园 100%胡萝卜汁 380 mL	117	66.67	89.37	B
15	农夫果园 30%混合果蔬番茄味 1.5 L	80	71.43	91.69	C
16	农夫果园 30%混合果蔬芒果味 1.5 L	76	76.19	93.90	C
17	农夫山泉饮用天然水 5 L	58	80.95	95.59	C
18	水溶 C100 西柚味 445 mL	54	85.71	97.15	C
19	水溶 C100 青皮桔味 445 mL	40	90.48	98.32	C
20	农夫果园 30%混合果蔬橙味 500 mL	31	95.24	99.22	C
21	农夫山泉饮用天然水 1.5 L	27	100.00	100.00	C

5. 物流作业计划信息（见表 1.3.13）

表 1.3.13　入库通知单

客户名称：W 贸易公司　　　　入库通知单号：20220621R01

入库库房：L 公司仓库　　　　预计入库时间：2022-06-02 18:00

序号	货品名称	包装规格/mm	数量/箱	质量/kg	生产日期
1	水溶 C100 西柚味 445 mL	330×250×300	52	15	2022-04-13
2	尖叫植物饮料 550 mL	358×242×300	31	12	2022-04-17
3	农夫果园 100%橙汁 380 mL	300×230×200	71	8	2022-06-05
4	农夫山泉饮用天然水 550 mL	460×260×300	53	14.7	2022-05-11
5	农夫山泉饮用天然水 5 L	600×500×415	16	24	2022-05-11
6	农夫果园 30%混合果蔬芒果味 500 mL	330×210×300	60	14.6	2022-05-11

（二）作业或设计要求

根据入库通知单，结合货架区规格、托盘规格、作业净空要求以及包装规格，编制组托入库作业计划表。

入库原则：

（1）优先使用编号较小的托盘，按入库通知单上的货物顺序组托、入库。

（2）货物使用不止一个托盘时，优先安排货物数量多的托盘入库。

（3）A 类货品应入库到一层，B 类货品应入库到二层，C 类货物应入库到三层，每个储位只允许码放一个托盘。

（4）优先存放在货位号较小的位置。

（5）不得拼托。

（三）编制组托入库作业计划表

根据作业与设计要求，编制组托入库作业计划表。

七、实训报告（见表 1.3.14）

表 1.3.14　实训报告

姓　名		学　号	
专　业		班　级	
实训日期		指导教师	
实训项目			
实训收获及反思			

任务 4　绘制货物组托示意图

学习目标

素养目标

- 培养敬业精神、安全意识、节约意识和劳动意识；
- 培养学生的团队协作能力和沟通能力；
- 培养学生的工匠精神和科学精神；
- 培养学生吃苦耐劳的优良品质；
- 培养学生分析问题、解决问题的能力。

知识目标

- 掌握托盘的规格特点；
- 掌握各种包装的规格特点。

能力目标

- 能够有效提高托盘利用率；
- 能够合理选择托盘码放方式。

思维导图（见图 1.4.1）

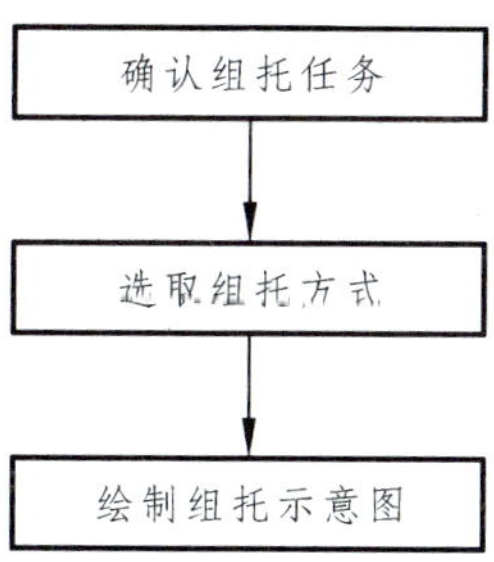

图 1.4.1　思维导图

一、项目概述

以托盘为单位，用 Word 绘图功能绘制当日入库作业的组托示意图。

绘制要求：

（1）画出托盘堆码的主视图（托盘短边视角）和奇数层俯视图、偶数层俯视图，必要时画出顶层俯视图；

（2）主视图应在合适的位置标注整托（包含托盘）高和纸箱高，以 mm 为单位；

（3）奇数层俯视图、偶数层俯视图应在合适的位置标注托盘长、宽，以 mm 为单位。

二、工作依据

（1）《物流管理职业技能等级标准（2021 年 2.0 版）》（标准代码：530001）。

（2）《物流术语》（GB/T 18354—2021）。

（3）《物流服务师国家职业技能标准（2020 版）》。

（4）《仓储作业规范》（SB/T 10977—2013）。

（5）《物流中心作业通用规范》（GB/T 22126—2008）。

三、实训环境要求

（一）场地要求

在仓储作业实训室进行，配备至少满足 40 人同时开展实训的工位。

（二）设备要求（计算机设备）

主要功能：满足学生使用 Word 绘制组托示意图。

技术要求：安装计算机操作系统及相关软件。

四、职业能力要求（见表 1.4.1）

表 1.4.1　绘制货物组托示意图职业能力要求

职业岗位	工作内容	基本技能	相关知识	技能要求
仓管员	货物组托	选取组托方式	组托合理性目标	熟悉重叠式、纵横交错式、正反交错式、旋转交错式等组托方法，根据货物特点确定组托方式
		绘制组托示意图	组托示意图绘制标准	1. 用 Word 绘图功能绘制示意图； 2. 画出托盘码放的主视图、奇数层俯视图和偶数层俯视图； 3. 在图上标注出托盘及货物尺寸，以 mm 为单位； 4. 用文字说明堆码后的层数； 5. 用文字说明此类商品所需托盘的个数； 6. 将托盘上的货物以浅灰色填涂； 7. 货物组托时均需压缝

五、实训案例

（一）案例内容

1. 案例背景

L公司是M市一家国际性综合型物流企业，主要为客户提供安全、便捷和高效的综合物流业务服务。L公司在M市拥有完善的物流服务网络，依托先进的物流服务平台，业务范围覆盖M市及周边区域，主要为客户提供仓储、市内配送等相关物流业务服务。请以L公司的日常业务为背景，结合客户具体要求和企业管理制度，完成2022年1月1日当天的物流作业任务优化。L公司每天的工作时间为8:00—17:30。

2. 托盘和货架尺寸（见表1.4.2）

表1.4.2 托盘和货架尺寸

名称	规格要求	数量
托盘货架	横梁式，1排6列3层货位： 第1层2 600 mm×800 mm×1 170 mm； 第2层2 600 mm×800 mm×1 130 mm； 第3层2 600 mm×800 mm×1 120 mm	若干组
托盘	1 200 mm×1 000 mm×150 mm，木质托盘	一批

注：作业净空要求≥150 mm。

3. 物流作业计划信息（见表1.4.3和表1.4.4）

表1.4.3 入库通知单1

客户名称：A公司　　入库通知单号：20211231R01

入库库房：L公司仓库　　预计入库时间：2022-01-01 8:00

序号	货品名称	包装规格/mm	数量	单位	批次号	备注
1	高露洁光感美白牙膏85 g	190×370×270	45	箱	20211216	限高两层
2	佳洁士锁白致尚技术牙膏20 g	300×580×200	30	箱	20211231	限高三层

表1.4.4 入库通知单2

客户名称：A公司　　入库通知单号：20211231R02

入库库房：L公司仓库　　预计入库时间：2022-01-01 16:00

序号	货品名称	包装规格/mm	数量	单位	批次号	备注
1	徐福记小叭叭酥心糖520 g	285×380×270	25	箱	20211209	限高三层

（二）作业或设计要求

用 Word 绘图功能绘制表 1.4.4 入库通知单 2 中当日入库货物的组托示意图。

要求：

（1）画出堆码的主视图和奇数层俯视图、偶数层俯视图，并在图上标出组托和纸箱的长、宽、高（包含托盘高度）尺寸，以 mm 为单位；

（2）主视图绘制托盘短边方向的堆码情况。

（三）绘制组托示意图

1. 组托示意图绘制结果

（1）主视图如图 1.4.2 所示。

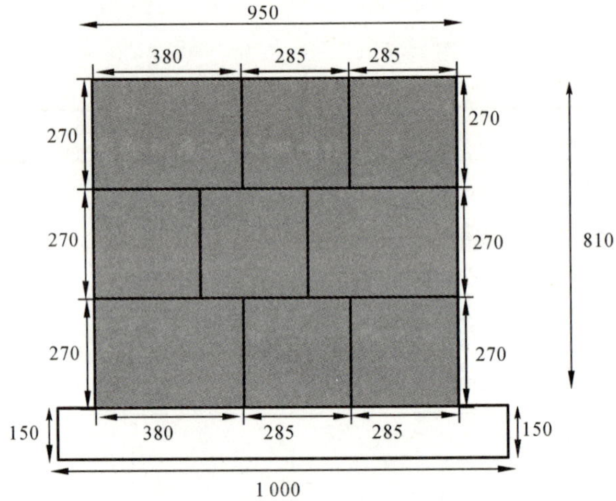

图 1.4.2　主视图（单位：mm）

（2）奇数层俯视图如图 1.4.3 所示。

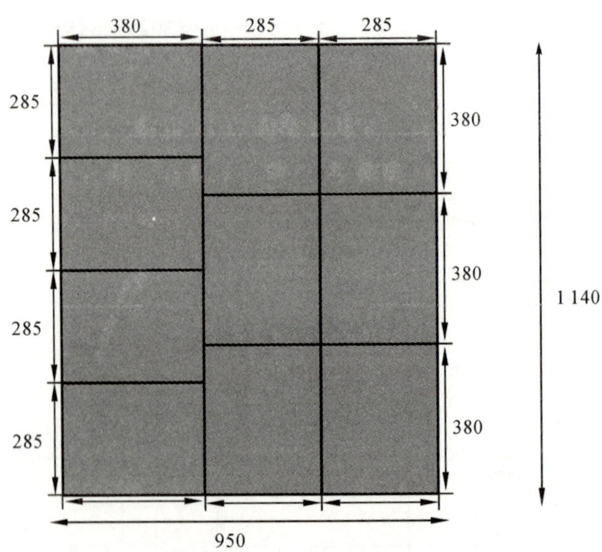

图 1.4.3　奇数层俯视图（单位：mm）

（3）偶数层俯视图如图 1.4.4 所示。

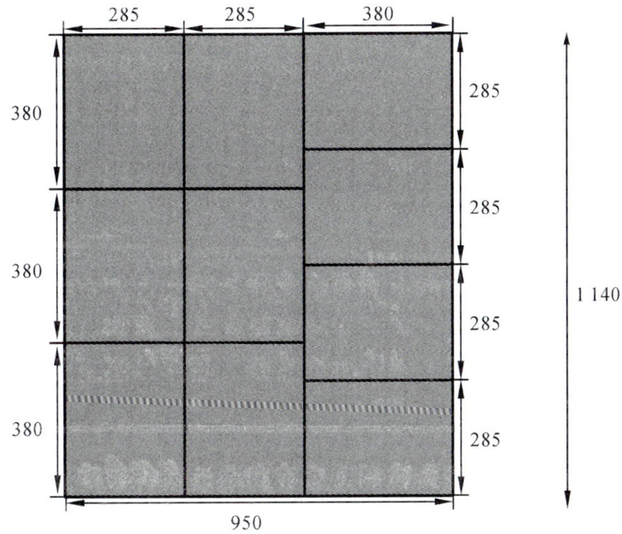

图 1.4.4　偶数层俯视图（单位：mm）

2. 作业项目所需账、卡、表、单

货物名称（徐福记小叭叭酥心糖 520 g），规格（285 mm × 380 mm × 270 mm），每层码（10）箱，最高码放（3）层，每托码放（30）箱，现需入库（25）箱，需要（1）个托盘。

六、实训任务

（一）任务内容

1. 案例背景

L 公司成立于 2021 年 4 月，是 Y 省 B 市一家主营仓储、配送于一体的单一性质的第三方物流公司，为客户提供及时准确的优质服务。L 公司所用仓库为普通的常温库，所用车辆为普通的厢式货车，其业务网络仅限在 Y 省 B 市、Y 省 A 市和 Y 省 C 市，为其提供仓储、配送等相关物流业务服务。以 L 公司物流中心的日常业务为背景，结合客户具体要求和企业管理制度，模拟完成 2022 年 6 月 21 日当天的物流作业任务优化。L 公司每天的工作时间为 8:00—17:30。

2. 托盘和货架尺寸（见表 1.4.5）

表 1.4.5　托盘和货架尺寸

名称	规格要求	数量
托盘货架	横梁式，1 排 10 列 3 层货位，每层的单货位承重均≤500 kg： 第一层　2 450 mm × 1 100 mm × 1 140 mm； 第二层　2 450 mm × 1 100 mm × 1 110 mm； 第三层　2 450 mm × 1 100 mm × 1 110 mm	若干组
托盘	1 200 mm × 1 000 mm × 150 mm，PVC 托盘，20 kg/个	一批

注：作业净空要求≥160 mm。

3. 物流作业计划信息（见表 1.4.6）

表 1.4.6　入库通知单

客户名称：W 贸易公司　　　　入库通知单号：20220621R01

入库库房：L 公司仓库　　　　预计入库时间：2022-06-21 8:00

序号	货品名称	包装规格/mm	数量/箱	质量/kg	生产日期
7	水溶 C100 西柚味 445 mL	330×250×300	56	15.4	2022-04-13
8	尖叫植物饮料 550 mL	358×242×300	39	15.8	2022-04-17
9	农夫果园 100%橙汁 380 mL	300×230×200	85	9.4	2022-06-05
10	农夫山泉饮用天然水 550 mL	460×260×300	54	15.8	2022-05-11
11	农夫山泉饮用天然水 5 L	600×500×415	16	25.4	2022-05-11
12	农夫果园 30%混合果蔬芒果味 500 mL	330×210×300	64	15.6	2022-05-11
13	农夫果园 100%番茄汁 380 mL	300×230×200	51	9.4	2022-06-05
14	农夫果园 30%混合果蔬芒果味 1.5 L	600×500×415	28	20.1	2022-05-12
15	农夫果园 100%胡萝卜汁 380 mL	300×230×200	51	9.4	2022-06-05
16	农夫山泉饮用天然水 380 mL	520×380×200	40	9.4	2022-05-11
17	农夫果园 30%混合果蔬橙味 1.5 L	600×500×415	56	20.1	2022-05-12
18	尖叫活性肽运动饮料 550 mL	358×242×300	65	15.8	2022-04-17
19	农夫山泉饮用天然水 1.5 L	600×500×415	16	20.1	2022-05-11
20	水溶 C100 青皮桔味 445 mL	330×250×300	56	15.4	2022-04-11
21	农夫果园 30%混合果蔬橙味 500 mL	330×210×300	64	15.6	2022-05-13
22	农夫山泉饮用天然水 4 L	600×500×415	28	23.8	2022-05-11
23	尖叫纤维饮料 550 mL	358×242×300	39	15.8	2022-04-17
24	农夫果园 30%混合果蔬番茄味 1.5 L	600×500×415	28	20.1	2022-05-10
25	水溶 C100 柠檬味 445 mL	330×250×300	56	15.4	2022-04-12
26	农夫山泉饮用天然水 19 L	600×500×415	28	32.7	2022-05-11
27	农夫果园 30%混合果蔬番茄味 500 mL	330×210×300	64	15.6	2022-05-13
28	思念黑芝麻汤圆	600×500×500	20	25.5	2022-05-27
29	思念花生汤圆	600×500×500	20	25.5	2022-05-27

（二）作业或设计要求

用 Word 绘图功能绘制当日入库货物中“农夫山泉饮用天然水 380 mL”和“农夫果园 30%混合果蔬番茄味 500 mL”的组托示意图。

要求：

（1）画出堆码的奇数层俯视图和偶数层俯视图，并在图上标出托盘和纸箱的长、宽尺寸，以 mm 为单位。若入库货物组托数 >1，则选择数量最多的一托绘制。

（2）主视图绘制托盘短边方向的堆码情况。

（三）绘制组托示意图

1. 组托示意图绘制结果

（1）奇数层俯视图（见图 1.4.5）。

图 1.4.5　奇数层俯视图

（2）偶数层俯视图（见图 1.4.6）。

图 1.4.6　偶数层俯视图

2. 作业项目所需账、卡、表、单

货物名称（____________________），规格（________________），每层码（______）箱，最高码放（______）层，每托码放（______）箱，现需入库（_____）箱，需要（_____）个托盘。

七、实训报告（见表 1.4.7）

表 1.4.7　实训报告

<table>
<tr><td>姓　名</td><td></td><td>学　号</td><td></td></tr>
<tr><td>专　业</td><td></td><td>班　级</td><td></td></tr>
<tr><td>实训日期</td><td></td><td>指导教师</td><td></td></tr>
<tr><td>实训项目</td><td colspan="3"></td></tr>
<tr><td colspan="4">实训收获及反思</td></tr>
<tr><td colspan="4"></td></tr>
</table>

任务 5　移库作业

学习目标

素养目标

- 培养良好的沟通能力和团队合作精神；
- 能够具有一定的安全意识和良好的专业行为规范。

知识目标

- 掌握移库的定义及其流程；
- 了解移库的目的；
- 掌握货物转仓的概念及其方式。

能力目标

- 能够熟悉移库的作业流程；
- 能够结合仓储管理系统完成移库作业。

一、移库作业定义

物品移库是库内作业的一种，是根据仓库内货物质量变化、库存因素、货物放置错误、储位变更等因素进行库存储位调整的一种手段。

二、移库的目的

物品移库的主要目的是优化储位和提高仓储效率。

1. 优化储位

根据商品的周转率，进行 ABC 分析，对商品进行储位的移动，以优化库存结构。

2. 提高仓储效率

为了提高库内仓储效率，对不满一个托盘的商品进行拼盘作业，以提高储位的合储效率。

三、移库的过程

根据业务部门销售的需求和仓储部门货物存储的需要提出移库方案，制作移库单，仓库保管员根据移库单完成货物的移库作业。

移库作业顺序总结为提出移库申请→确认移库的必要性，系统移库→实施移库作业→符合移库结果，归档。

四、实训案例

（一）移库作业

对托盘货架区进行移库作业，移库作业时应满足以下要求：

（1）货品的存放符合分区要求，日用品类货品存放于 A 区，饮料类货品存放于 B 区；

（2）根据 ABC 分类表中的分类结果，将 A 类货品放置在货架第一层，B 类货品放置在货架第二层，C 类货品放置在货架第三层；

（3）移库货位按照从左至右的空货位依次选择，且相同名称货品相邻存放。

（二）任务发布

移库前，仓库内托盘货架区货物的在库量与在库位置如图 1.5.1 所示，请判断是否需要进行移库作业。根据 ABC 分类结果（见图 1.5.2），完成托盘货架区所有库存货物的移库作业，按源货位从小到大的顺序填制移库作业计划。

移库适用规则按优先程度如下：

（1）A 类放置于第一层，B 类放置于第二层，C 类放置于第三层，若某层货位不足，可放置在上层货位；

（2）同一层中，批次号较小的货物优先存放在货位号较小的位置。

表 1.5.1　ABC 分类结果

序号	货品条码	货品名称	分类结果
1	6954767432076	雪碧清爽柠檬味汽水 500 mL	A
2	6901285991219	怡宝纯净水 555 mL	
3	6922868286584	心相印茶语丝享卷纸	
4	6921317993790	康师傅茉莉蜜茶	
5	6901586111590	威猛先生洁厕液	B
6	6943052100110	恒大冰泉矿泉水 500 mL	
7	6921168509256	农夫山泉 550 mL	
8	6920459989463	康师傅冰糖雪梨 500 mL	
9	6921317998436	康师傅茉莉清茶	C
10	6922255451427	百岁山矿泉水 570 mL	
11	6901586105032	威猛先生 84 消毒液	
12	6903244679664	心相印云感柔肤卷纸	

日用品区（A区）					
	康师傅茉莉清茶（4箱）[20210303]190 mm×370 mm×270 mm	康师傅茉莉清茶（10箱）[20201116]350 mm×350 mm×245 mm	威猛先生84消毒液（12箱）[20210111]190 mm×370 mm×270 mm		
A00200	A00201	A00202	A00203	A00204	A00205
威猛先生84消毒液（12箱）[20201111]190 mm×370 mm×270 mm	心相印茶语丝享卷纸（8箱）[20200821]190 mm×370 mm×270 mm				
A00100	A00101	A00102	A00103	A00104	A00105
	心相印茶语丝享卷纸（6箱）[20201021]190 mm×370 mm×270 mm	心相印茶语丝享卷纸（10箱）[20201121]190 mm×370 mm×270 mm			
A00000	A00001	A00002	A00003	A00004	A00005
作业通道					
饮料区（B区）					
	康师傅茉莉清茶（7箱）[20210204]190 mm×370 mm×270 mm	威猛先生84消毒液（5箱）[20210220]190 mm×370 mm×270 mm			
B00200	B00201	B00202	B00203	B00204	B00205
			农夫山泉（550 mL）（8箱）[20210218]285 mm×380 mm×270 mm	恒大冰泉矿泉水（500 mL）（5箱）[20210203]285 mm×380 mm×270 mm	恒大冰泉矿泉水（500 mL）（5箱）[20200813]285 mm×380 mm×270 mm
B00100	BO0101	B00102	B00103	B00104	B00105
	怡宝纯净水（555 mL）（6箱）[20210328]285 mm×380 mm×270 mm	怡宝纯净水（555 mL）（6箱）[20210122]285 mm×380 mm×270 mm	康师傅冰糖雪梨（500 mL）（9箱）[20210506]190 mm×370 mm×270 mm	康师傅茉莉蜜茶（9箱）[20210118]350 mm×350 mm×245 mm	
B00000	B00001	B00002	B00003	B00004	B00005

图 1.5.1　移库前货物的在库量与位置

（三）任务解析

根据 ABC 分类结果、移库要求以及货架属件，我们得到移库作业计划表，如表 1.5.2 所示。

表 1.5.2　移库作业计划表

源货位	目标货位	货品名称	计划数量/箱	实际数量/箱	备注
B00001	B00000	怡宝纯净水 555 mL	6	6	
B00002	B00001	怡宝纯净水 555 mL	6	6	

续表

源货位	目标货位	货品名称	计划数量/箱	实际数量/箱	备注
B00003	B00103	康师傅冰糖雪梨 500 mL	9	9	
B0004	B00003	康师傅茉莉蜜茶	9	9	
B00103	B00102	农夫山泉 550 mL	8	8	
B00104	B00101	恒大冰泉矿泉水 500 mL	5	5	
B00105	B00100	恒大冰泉矿泉水 500 mL	5	5	
B00202	A00202	威猛先生 84 消毒液	5	5	
A00100	A00200	威猛先生 84 消毒液	12	12	
A00101	A00000	心相印茶语丝享卷纸	8	8	
A00201	B00202	康师傅茉莉清茶	4	4	
A00202	B00200	康师傅茉莉清茶	10	10	
A00203	A00201	威猛先生 84 消毒液	12	12	

五、实训任务

根据 ABC 分类结果（见表 1.5.3）及出入库后的库存情况（见图 1.5.2），完成托盘货架 A 区所有库存货物的移库作业，按源货位从小到大到顺序填制移库作业计划表。移库适用规则按优先程度如下：

（1）A 类放置于第一层，B 类放置于第二层，C 类放置于第三层，若某层货位不足，可放置在上层货位；

（2）同一层中，“出入库统计表”中出库量较小的货物优先存放在货位号较小的位置；

（3）同一种货物，堆码货物数量较多的托盘优先放在货位号较小的位置。

表 1.5.3　ABC 分类结果

序号	货物名称	分类
1	统一茉莉花茶 2.5 L	A
2	统一冰绿茶 350 mL	
3	统一冰红茶 350 mL	
4	心相印茶语丝享卷纸	

续表

序号	货物名称	分类
5	恒大冰泉 1 500 mL	B
6	康师傅冰糖雪梨 1.5 L	
7	洁柔面巾纸	
8	恒大冰泉 500 mL	
9	蓝月亮洗衣液 1.5 L	
10	百事可乐 350 mL	C
11	清风原木抽纸	
12	康师傅冰红茶 1.5 L	

食品区（B区）					
	康师傅冰糖雪梨 1.5 L （5 箱） [20220911]190 m× 370 mm×270 mm	康师傅冰红茶 1.5 L （10 箱） [20221101]350 mm× 350 mm×245 mm			
B00200	B00201	B00202	B00203	B00204	B00205
恒大冰泉 500 mL （20 箱） [20221111]100 mm× 370 mm×270 mm	统一茉莉花茶 2.5 L （8 箱） [20221111]190 mm× 370 mm×270 mm	洁柔面巾纸 （20 箱） [20220630]190 m× 370 mm×270 mm			恒大冰泉 1500 mL （15 箱） [20221008]190 mm× 370 mm×270 mm
B00100	BO0101	BO0102	B00103	B00104	B00105
	统一冰绿茶 350 mL （3 箱） [20221021]190 mm× 370 mm×270 mm	统一冰红茶 350 mL （10 箱） [20221111]190 mm× 370 mm×270 mm			
B0000C	B00001	B00002	B00003	B00004	B00005
作业通道					
生活品区（A区）					
			康师傅冰糖雪梨 （1.5 L）（9 箱） [20220506]190 mm× 370 mm×270 mm		蓝月亮洗衣液 1.5 L（5 箱） [20211203]285 mm× 380 mm×270 mm
A00200	A00201	A00202	A00203	A00204	A00205
洁柔面巾纸（8 箱） [20220630]190 m× 370 mm×270 mm			蓝月亮洗衣液 1.5 L（10 箱） [20220103]285 mm× 380 mm×270 mm	恒大冰泉 （500 mL）（5 箱） [20210203]285 mm× 380 mm×270 mm	
A00100	A00101	A00102	A00103	A00104	A00105
	心相印茶语丝享卷 纸（8 箱） [20210122]285 mm× 380 mm×270 mm	心相印茶语丝享卷 纸（20 箱） [20210122]285 mm× 380 mm×270 mm			
A00000	A00001	A00002	A00003	A00004	A00005

图 1.5.2　库存情况

根据 ABC 分类结果、移库要求以及货架属性，完成移库作业计划表，如表 1.5.4 所示。

表 1.5.4　移库作业计划表

源货位	目标货位	货品名称	计划数量/箱	实际数量/箱	备注

六、实训报告（见表 1.5.5）

表 1.5.5 实训报告

<table>
<tr><td>姓　名</td><td></td><td>学　号</td><td></td></tr>
<tr><td>专　业</td><td></td><td>班　级</td><td></td></tr>
<tr><td>实训日期</td><td></td><td>指导教师</td><td></td></tr>
<tr><td>实训项目</td><td colspan="3"></td></tr>
<tr><td colspan="4">实训收获及反思</td></tr>
<tr><td colspan="4"></td></tr>
</table>

任务6　补货作业

学习目标

素养目标

- 培养学生敬业精神、安全意识、节约意识和劳动意识；
- 培养学生团队协作能力、沟通意识；
- 培养学生具有精益求精的工匠精神和吃苦耐劳的优良品质；
- 培养学生分析问题、解决问题的能力。

知识目标

- 掌握补货作业的概念；
- 能够辨别整箱补货、整托补货和货架之间补货等三种补货方式；
- 掌握补货时机的影响因素、补货数量的计算方法。

能力目标

- 能根据作业情况合理选择补货时机；
- 能及时发出补货指令，有效进行补货作业现场调度；
- 能够完成补货作业。

一、补货作业的含义

补货作业（Replenishment）指从保管区将物品移到拣货区，并做相应信息处理的活动。

补货作业的目的是为了将正确的货物在正确的时间、正确的地点，以正确的数量和最有效的方式送到指定的拣货区，保证拣货区随时有货可拣，能够及时满足客户订货的需要，以提高拣货的效率。

二、补货作业流程（见图1.6.1）

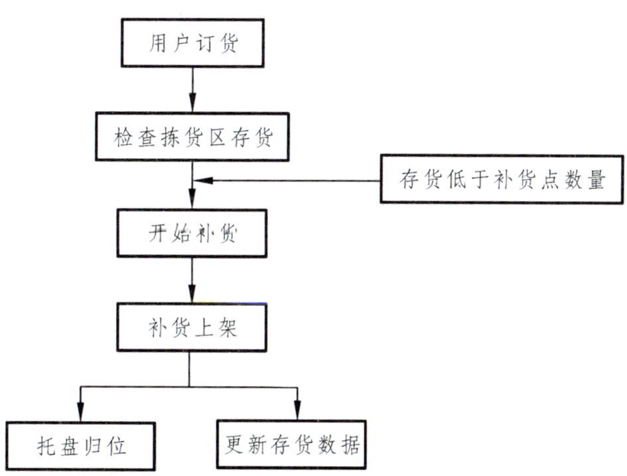

图1.6.1　补货作业流程

三、补货作业方式

补货作业要满足两个前提，即“确保有货可拣”和“将待拣货物放置在存取都方便的位置”。

1. 整箱补货

整箱补货是由货架保管区补货到流动货架的动管区的补货方式。这种保管、动管区存放形态的补货方式较适合于体积小且少量多样出货的物品。

2. 整托补货

整托补货方式是以托盘为单位进行补货。根据补货的位置不同，又分为两种情况：一种是地板至地板，一种是地板至货架。

（1）地板至地板的整托盘补货方式为作业员以叉车由托盘平置堆叠的保管区搬运托盘，送至同样是托盘平置堆叠的拣货动管区。此保管、动管区存放形态的补货方式较适合于体积大或出货量多的物品。

（2）地板至货架的整托盘补货方式为作业员使用叉车很快地在地板平置堆叠的保管区搬回托盘，送至动管区托盘货架上存放。此保管、动管区存放形态的补货方式较适合于体积中等或中量（以箱为单位）出货的物品。

3. 货架之间补货

货架之间补货方式为保管区与动管区属于同一货架，也就是将同一货架上的两手方便拿取之处（中下层）作为动管区，不容易拿取之处（上层）作为保管区。而进货时便将动管区放不下的多余货箱放至上层保管区。对动管拣取区的物品进行拣货，当动管区的存货低于标准水平则可利用叉车将上层保管区的物品搬至下层动管区补货。此保管、动管区存放形态的补货方式较适合于体积不大、每品项存货量不高且出货多属中小量（以箱为单位）的物品。

四、补货作业时机

补货作业的发生与否应视动管拣货区的货量是否符合需求，因而应考虑何时需检查动管区存量，何时需将保管区的货补至动管区，以避免拣货中途才发觉动管区的货量不够，以及临时补货影响整个出货时间的情形。对于此补货时机的掌握有批次补货、定时补货和随机补货三种方式。

1. 批次补货

批次补货方式是每天或每一批次拣取前，经由计算机计算所需物品的总拣取量，再相对查看动管拣货区的物品量，在拣取前一特定时段补足物品。此为“一次补足”的补货原则，较适合于一日内作业量变化不大、紧急插单不多，或是每批次拣取量大但事先掌握的情况。

2. 定时补货

定时补货方式是将每天划分为数个时段，补货人员在时段内检查动管拣货区货架上物品存量，若不足即马上将货架补满。此为“定时补足”的补货原则，较适合于分批拣货时间固定且处理紧急订货的时间也固定的情况。

3. 随机补货

随机补货方式是指定专门的补货人员，随时巡视动管拣货区的物品存量，有不足随时补货的方式。此为“不定时补足”的补货原则，较适合于每批次拣取量不大、紧急插单多，以至于一日内作业量不易事前掌握的情况。

五、实训案例

（一）补货作业任务

1. 补货任务生成

根据作业任务实际情况决定是否补货，信息员根据出库需要和作业均衡决定是否生成补货作业。

2. 补货作业执行

根据补货指令，利用电瓶式叉车将托盘从相应货位取出，扫描确认货位地址后，将托盘运至托盘交接区；根据手持终端的提示，将托盘从托盘交接区搬运至补货作业通道，在补货作业通道将货品拆零补货至对应的货位上，并回收空纸箱。补货后剩余的货品需要返库，空托盘返回托盘存放区。

（二）任务描述

某物流中心托盘货架A区、电子标签拣选B区库存结余信息如表1.6.1和表1.6.2所示，现收到三张客户出库订单（见表1.6.3～表1.6.5）需要进行出库作业。当库存量低于补货点时进行整箱补货以完成出库任务。请根据出库订单判断是否需要进行补货作业，填制电子标签拣选B区补货作业计划单。

表1.6.1　托盘货架A区库存信息结余表

序号	货物名称	单位	箱装规格（每箱）	库存结余/箱	储位
1	雪碧清爽柠檬味汽水500 mL	瓶	24	6	A0101
2	怡宝纯净水555 mL	瓶	24	8	A0102
3	心相印茶语丝享卷纸	卷	16	8	A0103
4	康师傅茉莉蜜茶	瓶	24	10	A0104
5	威猛先生洁厕液	瓶	20	20	A0105
6	恒大冰泉矿泉水500 mL	瓶	24	20	A0106
7	农夫山泉550 mL	瓶	24	6	A0201
8	康师傅冰糖雪梨500 mL	瓶	24	4	A0202
9	康师傅茉莉清茶	瓶	24	4	A0203
10	百岁山矿泉水570 mL	瓶	24	2	A0204
11	倍丽清香饮料330 mL	瓶	15	5	A0206
12	统一茉莉花茶2.5 L	瓶	6	2	A0306

表 1.6.2　电子标签拣选 B 区库存结余信息表

序号	储位编码	货品编码	货物名称	单位	箱装规格（每箱）	数量	补货点
1	B00001	AB001	雪碧清爽柠檬味汽水（500 mL）	瓶	24	30	20
2	B00002	AB002	怡宝纯净水（555 mL）	瓶	24	18	16
3	B00003	AB003	心相印茶语丝享卷纸	卷	16	26	20
4	B00004	AB004	康师傅茉莉蜜茶	瓶	24	30	20
5	B00005	AB005	威猛先生洁厕液	瓶	20	30	20
6	B00006	AB006	恒大冰泉矿泉水（500 mL）	瓶	24	30	26
7	B00007	AB007	农夫山泉（550 mL）	瓶	24	36	16
8	B00008	AB008	康师傅冰糖雪梨（500 mL）	瓶	24	32	16
9	B00009	AB009	康师傅茉莉清茶	瓶	24	28	20
10	B00010	AB010	百岁山矿泉水（570 mL）	瓶	24	26	20

表 1.6.3　出库通知单 1

发货库房：××物流公司仓库　　客户名称：家乐福超市

收货单位：家乐福超市 B 市仓库　　计划出库时间：2022-06-20 10:00

出库通知单号：20220531C01　　计划送货时间：2022-06-20 15:30 前

序号	货物名称	数量	单位	备注
1	康师傅茉莉蜜茶	5	瓶	
2	怡宝纯净水 555 mL	20	瓶	

表 1.6.4　出库通知单 2

发货库房：××物流公司仓库　　客户名称：华联便利店

收货单位：华联便利店 B 市仓库　　计划出库时间：2022-06-20 10:00

出库通知单号：20220531C02　　计划送货时间：2022-06-20 15:30 前

序号	货物名称	数量	单位	备注
1	康师傅茉莉清茶	15	瓶	
2	心相印茶语丝享卷纸	24	卷	

表 1.6.5　出库通知单 3

发货库房：××物流公司仓库　　客户名称：星辰百货

收货单位：星辰百货 B 市仓库　　计划出库时间：2022-06-20 10:00

出库通知单号：20220531C03　　计划送货时间：2022-06-20 15:30 前

序号	货物名称	数量	单位	备注
1	农夫山泉 550 mL	15	瓶	
2	威猛先生洁厕液	8	瓶	

（三）任务解析

（1）分别对三张出库通知单上需要出库的货品检查库存结余量（见表 1.6.6 ~ 表 1.6.8），看是否能够满足出库需求，若不满足，则需要进行补货作业；

（2）在满足出库需求后，所结余数量是否低于补货点数量，若低于则需要进行补货作业。

表 1.6.6　库存结余量 1

序号	货物名称	出库数量	单位	现库存结余	出库后结余量	补货点数量
1	康师傅茉莉蜜茶	5	瓶	30	25	20
2	怡宝纯净水 555 mL	20	瓶	18		16

注：怡宝纯净水 555 mL 现库存结余量低于出库订单所需数量，因此需要进行补货作业。其箱装数为 24 瓶/箱，因此补 1 箱即可。

表 1.6.7　库存结余量 2

序号	货物名称	出库数量	单位	现库存结余	出库后结余量	补货点数量
1	康师傅茉莉清茶	15	瓶	28	13	20
2	心相印茶语丝享卷纸	24	卷	26	2	20

注：出库后，康师傅茉莉清茶、心相印茶语丝享卷纸剩余量低于补货点数量，因此需要进行补货作业。其箱装数为 24 瓶/箱、16 卷/箱，因此分别补 1 箱与 2 箱。

表 1.6.8　库存结余量 3

序号	货物名称	出库数量	单位	现库存结余	出库后结余量	补货点数量
1	农夫山泉（550 mL）	15	瓶	36	21	16
2	威猛先生洁厕液	8	瓶	30	22	20

注：可以看出，货品出库后库存结余量高于补货点，因此，不需要进行补货作业。

（四）完善补货作业计划单（见表 1.6.9）

表 1.6.9　B 区补货作业计划单

货品编码	货品名称	源货位	目标货位	补货数量	补货单位
AB002	怡宝纯净水 555 mL	A0102	B00002	1	箱
AB009	康师傅茉莉清茶	A0203	B00009	1	箱
AB003	心相印茶语丝享卷纸	A0103	B00003	2	箱

六、实训任务

某物流中心托盘货架 A 区、电子标签拣选 C 区库存结余信息如表 1.6.10 和表 1.6.11

所示，现收到两张客户出库订单（见表 1.6.12 和表 1.6.13）需要进行出库作业。当库存量低于补货点时进行整箱补货以完成出库任务。请根据出库订单判断是否需要进行补货作业，填制电子标签拣选 B 区补货作业计划单。

表 1.6.10 托盘货架 A 区库存信息结余表

序号	货物名称	单位	箱装规格（每箱）	库存结余/箱	储位
1	康师傅冰糖雪梨 1.5 L	瓶	12	10	A0101
2	康师傅冰红茶 1.5 L	瓶	12	15	A0102
3	康师傅茉莉清茶 330 mL	瓶	15	8	A0103
4	百事可乐 350 mL	瓶	24	6	A0104
5	康师傅矿物质水 220 mL	瓶	24	5	A0106
6	恒大冰泉 500 mL	瓶	24	14	A0201
7	恒大冰泉 1500 mL	瓶	6	2	A0202
8	统一冰红茶 350 mL	瓶	15	14	A0203
9	统一冰绿茶 350 mL	瓶	15	10	A0204
10	倍丽西柚饮料 330 mL	瓶	15	4	A0205
11	倍丽清香饮料 330 mL	瓶	15	5	A0206
12	康师傅冰糖雪梨 1.5 L	瓶	12	10	A0101

表 1.6.11 电子标签拣选 C 区库存结余信息表

序号	储位编码	货品编码	货物名称	单位	箱装规格（每箱）	数量	补货点
1	C0001	CT0001	康师傅冰糖雪梨 1.5 L	瓶	12	15	10
2	C0002	CT0002	康师傅冰红茶 1.5 L	瓶	12	10	10
3	C0003	CT0003	康师傅茉莉清茶 330 mL	瓶	15	13	10
4	C0004	CT0004	百事可乐 350 mL	瓶	24	35	20
5	C0005	CT0005	统一冰红茶 350 mL	瓶	6	9	9
6	C0006	CT0006	倍丽西柚饮料 330 mL	瓶	24	22	10
7	C0007	CT0007	恒大冰泉 500 mL	瓶	24	18	10
8	C0008	CT0008	恒大冰泉 1500 mL	瓶	6	26	24
9	C0009	CT0009	统一冰红茶 350 mL	瓶	15	20	15
10	C0010	CT0010	统一冰绿茶 350 mL	瓶	15	37	15

表 1.6.12　出库通知单 1

发货库房：××物流公司仓库　　客户名称：家乐福超市

收货单位：家乐福超市 B 市仓库　　计划出库时间：2022-08-20 10:00

出库通知单号：20220820C01　　计划送货时间：2022-08-20 15:30 前

序号	货物名称	数量	单位	备注
1	百事可乐 350 mL	12	瓶	
2	恒大冰泉 500 mL	20	瓶	

表 1.6.13　出库通知单 2

发货库房：××物流公司仓库　　客户名称：华联便利店

收货单位：华联便利店 B 市仓库　　计划出库时间：2022-08-20 10:00

出库通知单号：20220820C02　　计划送货时间：2022-08-20 15:30 前

序号	货物名称	数量	单位	备注
1	统一冰绿茶 350 mL	20	瓶	
2	统一冰红茶 350 mL	6	瓶	

完成补货作业计划单（见表 1.6.14）。

表 1.6.14　B 区补货作业计划单

货品编码	货品名称	源货位	目标货位	补货数量	补货单位

七、实训报告（见表 1.6.15）

表 1.6.15　实训报告

姓　名		学　号	
专　业		班　级	
实训日期		指导教师	
实训项目			
实训收获及反思			

任务 7　盘点作业

学习目标

素养目标

- 具备良好的沟通能力和团队合作能力；
- 具备基本技能，注重作业细节；
- 树立责任意识和诚信意识。

知识目标

- 掌握盘点工作的方式、方法以及操作要领；
- 熟悉盘点的作业流程；
- 掌握盘点时间确定的原则；
- 掌握对盘点结果进行差异分析。

能力目标

- 能够有效做好盘点前的准备工作；
- 能够根据货物的特点与作业要求，选择合适的盘点方法；
- 能够正确识读和使用盘点的各种表单；
- 能够配合财务部门对盘亏、盘盈进行及时处理。

思维导图（见图 1.7.1）

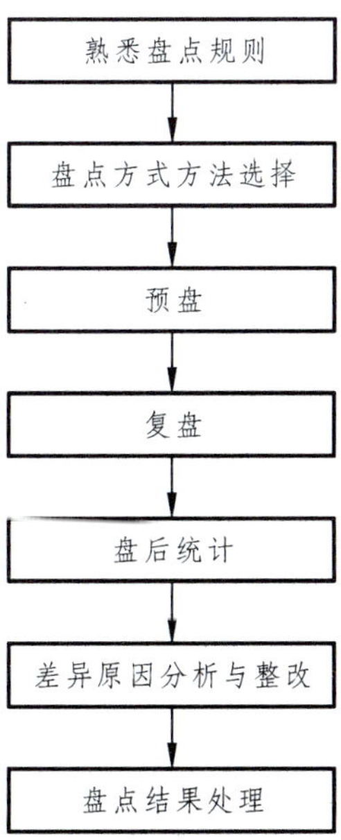

图 1.7.1　思维导图

一、项目概述

根据托盘货架 A 区当天出入库完成的情况，编制盘点表。

盘点表编制原则：

（1）仅盘点货架上有变化的货位；

（2）按货位顺序由小到大进行编制。

二、工作依据

（1）《企业会计准则》。

（2）《仓储从业人员职业资质》（GB/T 21070—2007）。

（3）《仓储服务质量要求》（GB/T 21071—2007）。

三、实训环境要求

（一）场地要求

在仓储实训室进行，实训场所面积至少 80 m^2，能够满足 40 人同时开展盘点实训教学项目。

（二）设备要求

1. 各种货架

货架包括托盘式货架、悬臂式货架、轻型搁板式货架和通廊式货架。

（1）托盘式货架。

主要功能：用于成组化货物的仓储业务，为存储型货架。

技术要求：框架由立柱、横梁、拉杆组成；货架之间安装有隔撑；横梁与立柱及斜拉杆的连接均采用高强度螺母和螺栓。

（2）悬臂式货架。

主要功能：用于存放超长物品、环形物品、板材、管材和不规则物品，为存储型货架。

技术要求：框架由立柱、拉杆及底座组成；水平及斜拉杆、底座与立柱的连接均采用高强度螺母和螺栓。

（3）轻型搁板式货架。

主要功能：用于轻、小型货物及散件物品的仓储业务，为存储型货架。

技术要求：框架由立柱、横梁及层板组成。

（4）通廊式货架。

主要功能：用于少品种、大批量的成组化货物仓储业务，为存储型货架。

技术要求：框架由立柱、横梁、牛腿梁、拉杆组成；货架的顶部安装顶梁、顶拉；货架的背面安装背拉；横梁、牛腿梁与立柱及斜拉杆的连接均采用高强度螺母和螺栓。

注：货架最低限度有一种即可。

2. 集货装具

集货装具包括托盘、周转箱等。

（1）托盘。

主要功能：用于货物集结、成组化堆码。

技术要求：商务部推荐规格为 1 200 mm × 1 000 mm；材质为木制、塑料等；托盘的高应匹配货位和常载货物的包装尺寸。

（2）周转箱。

主要功能：用于盛装货物。

技术要求：材质为塑料抗冲击性改性 PP；基础尺寸为 600 mm × 400 mm 或与物流模数相匹配。

注：集货装具有一种即可。

3. 智能读取装置

智能读取装置包括手持式 RF 智能终端、穿戴式 RF 智能终端等。

（1）手持式 RF 智能终端。

主要功能：用于盘点等业务操作。

技术要求：Windows 或 Android 操作系统；1.3 GHz 四核处理器；4.3 in 彩色电容屏（1 in = 25.4 mm）；支持任何一维和二维条码扫描；具有 RFID 读取器；支持 RFID 识别。

（2）穿戴式 RF 智能终端。

主要功能：无须手持，支持边工作边采集现场数据，适用于盘点作业。

技术要求：① 穿戴式辅助设备 1，支持双模式蓝牙；支持图像传感器；支持多种穿戴方式，且扫描码制为一维、二维条码，邮政条码以及 OCR 字符；② 穿戴式辅助设备 2，支持 Windows、Android 4.3 及以上、IOS7 及以上操作系统，具有 IP54 防护等级；③ 辅助系统，可解放学生双手，同时增加学生在实训过程中的移动性；可实现快速扫描读取，降低错误率进而提高学生实训效率；完整仓储流程。

注：若采用人工盘点，有盘点单和笔即可；若采用立体库、电子标签自动盘点，系统可自动录入盘点结果；若采用人机交互盘点，由人工录入系统。

4. 计算机及仓储管理等系统

主要功能：用于盘点作业的信息处理。

技术要求：① 后台管理，包括基本资料管理，实验任务管理，实验报告管理，物料、仓库、区域、仓位等情景数据管理；② 基础资料，包括初始化仓库、仓位、托盘、物料等基础信息；③ 订单管理，指根据业务需要进行入库计划录入、客户订单录入、客户订单处理等；④ 入库管理，包括入库作业、组托上架、入库单打印等入库核心作业；⑤ 出库管理，包括出库流程、出库标准、出库类型；⑥ 库存管理，包括库存查询、库存优化分析；⑦ 基于移动 APP 或智能终端的移动仓储。

四、职业能力要求（见表 1.7.1）

表 1.7.1　盘点作业职业能力要求

<table>
<tr><th>职业岗位</th><th>工作内容</th><th>基本技能</th><th>相关知识</th><th>技能要求</th></tr>
<tr><td rowspan="7">仓管员</td><td>盘点准备工作</td><td>熟悉本企业的盘点规则</td><td>熟知仓库布局、货架的功能，读懂盘点表</td><td>对盘点现场及时进行清理、整顿，进行人员分组</td></tr>
<tr><td rowspan="4">盘点作业</td><td>盘点方式方法的选择</td><td>掌握实地盘存制和永续盘存制的内涵；熟悉掌握其对应的盘点方式方法</td><td>会根据货物的特点与盘点要求，选择合适的盘点方法；盘点过程可以是机-机、人-机、人-人配合；机-机、人-机盘点方式的应用需要操作者熟练掌握设备的使用方法</td></tr>
<tr><td>预盘</td><td>了解盘点的目的。若属于定期盘点，由主管部门或财务部门会同货主、仓管员等相关人员进行盘点对账；若属于临时盘点，由仓库组织仓管员等相关人员进行局部或全面的盘点</td><td>会制作各种盘点报表</td></tr>
<tr><td>复盘</td><td>在预盘的基础上，由其他部门或质量监督部门（无利益相关）的人员进行</td><td>协助其他部门人员进行复盘</td></tr>
<tr><td>盘后统计</td><td>对盘点结果进行统计</td><td>进行盘点统计报表填写</td></tr>
<tr><td rowspan="2">盘点结果的处理</td><td>差异原因</td><td>对盘点结果进行差异分析</td><td>分析原因</td></tr>
<tr><td>整改</td><td>对可避免的原因要制定措施，避免再次发生</td><td>配合财务部门对盘亏、盘盈进行及时处理</td></tr>
<tr><td rowspan="2">财务部门
或
主管部门</td><td colspan="2">复盘和监盘</td><td>由财务部门或其他主管部门组织人员进行复盘或监盘，盘点前要进行人员培训</td><td>根据预盘阶段的盘点单进行核对；可以抽查＋详盘（即在预盘的基础上抽 20%～30%的品种进行逐一盘点），也可以普查＋略盘（对预盘各项，可按容器数盘或按整数盘）；若超出差错率，重新预盘</td></tr>
<tr><td colspan="2">盘点结果的处理</td><td>会同其他盘点，编制盘点报告</td><td>对盘盈和盘亏问题进行追踪处理，并进行账务处理</td></tr>
</table>

五、实训案例

（一）案例内容

1. 案例背景

骏马物流有限公司（以下简称骏马物流）是B市地区一家专业化集物流、运输、仓储、配送、进出口代理等于一体的综合性第三方物流公司，为客户提供全方位的优质服务。骏马物流公司在B市地区拥有物流服务网络，依托成熟的物流服务平台，业务范围包含覆盖长三角及周边的区仓储、市内配送等相关物流业务。

B市万福集团（以下简称万福集团）将市内仓储配送和市外整车、干线运输等业务外包给骏马物流公司。

2. 库存信息

整箱的生活用品存放在货架A区（见表1.7.2），整箱的食品存放在货架B区（见表1.7.3），散货存放在电子标签拣选C区（见表1.7.4）。

表1.7.2　托盘货架A区货物信息（截至2020年3月31日18:00）

序号	储位	货物名称	单位	箱装规格（每箱）	库存量/箱
1	A00000	高露洁牙膏奇绩修护牙膏180 g	箱	50	19
2	A00001	舒适达抗敏感专业修复牙膏100 g	箱	50	25
3	A00002	佳洁士清透美白牙膏20 g	箱	40	20
4	A00003	高露洁光感美白牙膏85 g	箱	50	16
5	A00100	佳洁士锁白致尚技术牙膏20 g	箱	40	18
6	A00104	舒适达抗敏感多重倍护牙膏100 g	箱	50	30
7	A00201	蓝月亮洗衣液	箱	12	22
8	A00202	蓝月亮洗手液	箱	24	32
9	A00203	两面针强健护龈牙膏140 g	箱	50	18
10	A00204	两面针清火消溃牙膏120 g	箱	50	21

表1.7.3　托盘货架B区货物信息（截至2020年3月31日18:00）

序号	储位	货物名称	单位	箱装规格（每箱）	库存量/箱
1	B00000	阿尔卑斯牛奶硬糖	箱	30	14
2	B00001	徐福记小叭叭棉花糖468 g	箱	4	15
3	B00002	徐福记小叭叭酥心糖520 g	箱	4	9
4	B00003	康师傅冰红茶	箱	18	14
5	B00100	元气森林醇香乌龙茶500 mL	箱	15	26
6	B00101	元气森林原味乳茶300 mL	箱	20	15
7	B00102	脉动青柠口味饮料400 mL	箱	12	27
8	B00201	康师傅柠檬红茶	箱	18	33
9	B00202	维他经典柠檬茶	箱	12	31
10	B00203	脉动雪柚橘子口味饮料400 mL	箱	12	7

表 1.7.4　电子标签拣选 C 区 2021 年 03 月库存结余信息（截至 3 月 31 日 17:30）

序号	储位编码	货品编码	货物名称	单位	单价/元	数量	补货点数量
1	C00001	20210X00004	佳洁士清透美白牙膏 20 g	盒	29.9	18	8
2	C00002	20210X00005	佳洁士锁白致尚技术牙膏 20 g	盒	28.8	20	8
3	C00003	20210X00015	舒适达抗敏感专业修复牙膏 100 g	盒	49.9	9	8
4	C00004	20210X00014	舒适达抗敏感多重倍护牙膏 100 g	盒	54.5	18	8
5	C00005	20210X00002	高露洁光感美白牙膏 85 g	盒	69.5	9	8
6	C00006	20210X00003	高露洁牙膏奇绩修护牙膏 180 g	盒	89.9	21	8
7	C00007	20210X00009	蓝月亮洗衣液	瓶	39.8	16	10
8	C00008	20210X00008	蓝月亮洗手液	瓶	12.9	13	10
9	C00009	20210X00010	两面针强健护龈牙膏 140 g	盒	23.5	25	8
10	C00010	20210X00011	两面针清火消溃牙膏 120 g	盒	24.5	12	8
11	C00011	20210X00001	阿尔卑斯牛奶硬糖	袋	8.5	15	8
12	C00012	20210X00016	维他经典柠檬茶	瓶	2.5	15	7
13	C00013	20210X00006	康师傅冰红茶	瓶	2.9	13	7
14	C00014	20210X00007	康师傅柠檬红茶	瓶	2.9	8	7
15	C00015	20210X00019	元气森林醇香乌龙茶 500 mL	瓶	3	17	7
16	C00016	20210X00020	元气森林原味乳茶 300 mL	瓶	3	16	7
17	C00017	20210X00012	脉动青柠口味饮料 400 mL	瓶	3.5	14	7
18	C00018	20210X00017	徐福记小叭叭棉花糖 468 g	袋	29.9	12	8
19	C00019	20210X00018	徐福记小叭叭酥心糖 520 g	袋	29.9	16	8
20	C00020	20210X00013	脉动雪柚橘子口味饮料 400 mL	瓶	3.3	11	7

3. 物流作业计划信息（见表 1.7.5～表 1.7.14）

表 1.7.5　入库通知单 1

客户名称：万福集团　　入库库房：骏马物流公司仓库

入库通知单号：20210331R01　　预计入库时间：2021-04-01 8:00

序号	货物名称	数量	单位	包装尺寸/mm	批次号
1	高露洁光感美白牙膏 85 g	45	箱	190×370×270	20210315
2	佳洁士锁白致尚技术牙膏 20 g	30	箱	300×580×200	20210330

表 1.7.6　入库通知单 2

客户名称：万福集团　　入库库房：骏马物流公司仓库

入库通知单号：20210331R02　　预计入库时间：2021-04-01 16:00

序号	货物名称	数量	单位	包装尺寸/mm	批次号
1	徐福记小叭叭酥心糖 520 g	25	箱	285×380×270	20210308

表 1.7.7　出库通知单 1

发货库房：骏马物流公司仓库　　客户名称：家乐福超市

收货单位：家乐福超市 B 市仓库　　预计出库时间：2021-04-01 10:00

出库通知单号：20210331C01　　预计送货时间：2021-04-01 15:30 前

序号	货物名称	数量	单位	备注
1	高露洁光感美白牙膏 85 g	5	箱	
2	蓝月亮洗衣液	5	瓶	
3	两面针强健护龈牙膏 140 g	2	盒	
4	两面针清火消溃牙膏 120 g	1	盒	
5	舒适达抗敏感专业修复牙膏 100 g	8	盒	

表 1.7.8　出库通知单 2

发货库房：骏马物流公司仓库　　客户名称：华联超市

收货单位：华联超市 B 市仓库　　预计出库时间：2021-04-01 10:00

出库通知单号：20210331C02　　预计送货时间：2021-04-01 15:30 前

序号	货物名称	数量	单位	备注
1	两面针强健护龈牙膏 140 g	2	箱	
2	康师傅冰红茶	3	瓶	
3	康师傅柠檬红茶	5	瓶	
4	元气森林醇香乌龙茶 500 mL	4	瓶	

表 1.7.9　出库通知单 3

发货库房：骏马物流公司仓库　　客户名称：金鑫百货

收货单位：金鑫百货 B 市仓库　　预计出库时间：2021-04-01 10:00

出库通知单号：20210331C03　　预计送货时间：2021-04-01 15:30 前

序号	货物名称	数量	单位	备注
1	两面针强健护龈牙膏 140 g	10	箱	
2	两面针清火消溃牙膏 120 g	5	箱	

表 1.7.10　出库通知单 4

发货库房：骏马物流公司仓库　　客户名称：好运批发

收货单位：好运批发市场　　预计出库时间：2021-04-01 10:00

出库通知单号：20210331C04　　预计送货时间：2021-04-01 15:30 前

序号	货物名称	数量	单位	备注
1	脉动青柠口味饮料 400 mL	5	箱	
2	康师傅柠檬红茶	5	瓶	
3	蓝月亮洗衣液	10	瓶	

表 1.7.11　出库通知单 5

发货库房：骏马物流公司仓库　　客户名称：好运批发
收货单位：好运批发市场　　预计出库时间：2021-04-02 10:00
出库通知单号：20210331C05　　预计送货时间：2021-04-02 15:30 前

序号	货物名称	数量	单位	备注
1	脉动青柠口味饮料 400 mL	5	箱	
2	元气森林原味乳茶 300 mL	6	瓶	
3	脉动青柠口味饮料 400 mL	8	瓶	
4	徐福记小叭叭棉花糖 468 g	10	袋	
5	徐福记小叭叭酥心糖 520 g	3	袋	

表 1.7.12　出库通知单 6

发货库房：骏马物流公司仓库　　客户名称：苏宁易购
收货单位：苏宁易购 B 市仓库　　预计出库时间：2021-04-01 10:00
出库通知单号：20210331C06　　预计送货时间：2021-04-01 15:30 前

序号	货物名称	数量	单位	备注
1	脉动青柠口味饮料 400 mL	5	箱	
2	两面针强健护龈牙膏 140 g	3	箱	

表 1.7.13　出库通知单 7

发货库房：骏马物流公司仓库　　客户名称：中央商厦
收货单位：中央商厦 B 市仓库　　预计出库时间：2021-04-01 10:00
出库通知单号：20210331C07　　预计送货时间：2021-04-01 15:30 前

序号	货物名称	数量	单位	备注
1	脉动青柠口味饮料 400 mL	5	箱	

表 1.7.14　出库通知单 8

发货库房：骏马物流公司仓库　　客户名称：佳运批发
收货单位：佳运批发市场　　预计出库时间：2021-04-01 10:00
出库通知单号：20210331C08　　预计送货时间：2021-04-01 15:30 前

序号	货物名称	数量	单位	备注
1	高露洁光感美白牙膏 85 g	2	箱	

4. 作业要求

结合电子标签货架区当天出入库完成的情况，编制盘点表，如表 1.7.15 所示。

盘点表编制原则：

（1）仅显示货架上有变化的储位。

（2）按储位顺序由小到大进行编制。

表 1.7.15　盘点表

序号	货品条码	货品名称	储位编号	库存量	单位
1	20210X00015	舒适达抗敏感专业修复牙膏 100 g	C00003	51	盒
2	20210X00009	蓝月亮洗衣液	C00007	13	瓶
3	20210X00010	两面针强健护龈牙膏 140 g	C00009	23	盒
4	20210X00011	两面针清火消溃牙膏 120 g	C00010	11	盒
5	20210X00006	康师傅冰红茶	C00013	10	瓶
6	20210X00007	康师傅柠檬红茶	C00014	16	瓶
7	20210X00019	元气森林醇香乌龙茶 500 mL	C00015	13	瓶

备注：① 盘点作业表，按照储位升序排列；
② 行数不够请自行增加。

六、实训任务

依照汶江物流有限公司“日清日结”的规定，在 2023 年 3 月 20 日下班之前，仓管员李明根据表 1.7.16 中的账面库存信息对母婴用品 2 区 B01 货架上的货品进行盘点，并由仓管员刘浩负责复核，盘点结束后由仓管员王兵进行核对，并统计汇总。

表 1.7.16　母婴用品 2 区 B01 货架账面库存信息

库区	储位	商品编码	商品名称	规格型号	单位	单价/元	库存数量
母婴用品 2 区	B01000	Y10456702	飞鹤奶粉 1 段	800 g	箱	1 500	10
母婴用品 2 区	B01001	Y10456703	飞鹤奶粉 2 段	800 g	箱	1 380	12
母婴用品 2 区	B01002	Y10456704	飞鹤奶粉 3 段	800 g	箱	1 200	15
母婴用品 2 区	B01100	Y10456816	爱他美婴幼儿奶粉 3 段	900 g	箱	1 800	10
母婴用品 2 区	B01101	Y10456816	爱他美婴幼儿奶粉 3 段	900 g	箱	1 800	0
母婴用品 2 区	B01102	Y10456815	爱他美婴幼儿奶粉 2 段	900 g	箱	1 900	6

根据人员分工，仓管员李明进行初盘，刘浩进行复盘。盘点结束后王兵核对结果，发现初盘和复盘结果一致，但是其中编号为 Y10456816、放置在储位 B01101 的货品盘点数量为 19 箱，与账面库存情况不符。经仓库主管张涛查明原因，是入库 19 箱误记为 9 箱。

根据要求，请完成表 1.7.17 盘点单的填制。

表 1.7.17　盘点单

<table>
<tr><td colspan="7">盘点仓库：</td><td colspan="10">盘点时间：</td></tr>
<tr><td rowspan="2">序号</td><td rowspan="2">储位编号</td><td rowspan="2">商品编码</td><td rowspan="2">商品名称</td><td rowspan="2">规格型号</td><td rowspan="2">单位</td><td rowspan="2">单价</td><td colspan="2">账面数</td><td colspan="2">盘点数</td><td colspan="2">盘盈</td><td colspan="2">盘亏</td><td colspan="2">差异原因</td></tr>
<tr><td>数量</td><td>金额</td><td>数量</td><td>金额</td><td>数量</td><td>金额</td><td>数量</td><td>金额</td><td>说明</td><td>对策</td></tr>
<tr><td>1</td><td></td><td></td><td></td><td></td><td></td><td></td><td></td><td></td><td></td><td></td><td></td><td></td><td></td><td></td><td></td><td></td></tr>
<tr><td>2</td><td></td><td></td><td></td><td></td><td></td><td></td><td></td><td></td><td></td><td></td><td></td><td></td><td></td><td></td><td></td><td></td></tr>
<tr><td>3</td><td></td><td></td><td></td><td></td><td></td><td></td><td></td><td></td><td></td><td></td><td></td><td></td><td></td><td></td><td></td><td></td></tr>
<tr><td>4</td><td></td><td></td><td></td><td></td><td></td><td></td><td></td><td></td><td></td><td></td><td></td><td></td><td></td><td></td><td></td><td></td></tr>
<tr><td>5</td><td></td><td></td><td></td><td></td><td></td><td></td><td></td><td></td><td></td><td></td><td></td><td></td><td></td><td></td><td></td><td></td></tr>
<tr><td>6</td><td></td><td></td><td></td><td></td><td></td><td></td><td></td><td></td><td></td><td></td><td></td><td></td><td></td><td></td><td></td><td></td></tr>
<tr><td colspan="7">盘点人签字：</td><td colspan="10">复盘人签字：</td></tr>
<tr><td colspan="7">制单人签字：</td><td colspan="10">仓库主管签字：</td></tr>
</table>

七、实训报告（见表 1.7.18）

表 1.7.18　实训报告

姓　名		学　号	
专　业		班　级	
实训日期		指导教师	
实训项目			
实训收获及反思			

任务8　拣选作业

学习目标

素养目标

- 培养敬业精神、安全意识、节约意识和劳动意识；
- 培养学生团队协作的能力；
- 培养学生分析问题、解决问题的能力。

知识目标

- 掌握拣选方式；
- 掌握拣选作业流程。

能力目标

- 能够将订单转化为拣选单，优化拣货路径；
- 能够合理使用拣选和搬运工具；
- 能够在拣选过程中实现零货损、零失误，提高工作效率；
- 能熟练进行月台理货。

一、什么是拣选作业

拣选是按订单或出库单的要求，从储存场所拣出物品的作业。本项目要求学生根据接到的客户订单将其转化为拣选单，并按照拣选单完成拣选作业。在作业过程中应充分考虑作业成本，选择适宜的拣选方式、拣选工具，在对应的拣选区域内完成拣选作业。

二、拣选作业分类

1. 摘果式——订单拣选

摘果式拣选作业针对每一张拣货单（一个客户的一张订单），由作业员巡回于配送中心货架间，依照拣货单上所列项目，将客户所订购的商品逐一由仓储货架中挑拣出来的方式。其作业流程如图1.8.1所示。

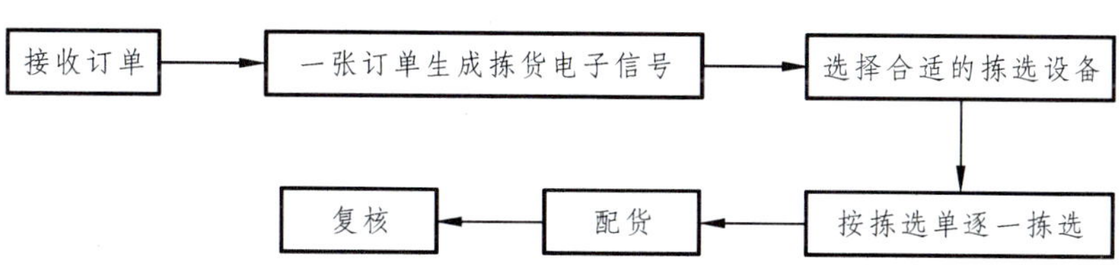

图1.8.1　摘果式拣选作业流程

优点包括：

（1）作业方法简单；

（2）作业员责任明确，派工容易；

（3）导入容易；

（4）互不制约，前置时间短，拣货后不用再进行分类作业。

缺点包括：

（1）当订单太多时，所需拣货时间多；

（2）客户共同需求产品时，拣选路线不断重复，造成人力物力浪费；

（3）拣选区域过大时，拣货路径长，效率低。

2. 播种式——批量拣选

播种式拣选作业将多张订单集合成一批，依据商品类别将数量相加汇总后再进行拣取，之后依据客户订单再作分类处理，适用于需求的产品相同或相近、需求的时间相近的订单拣选。其作业流程如图 1.8.2 所示。

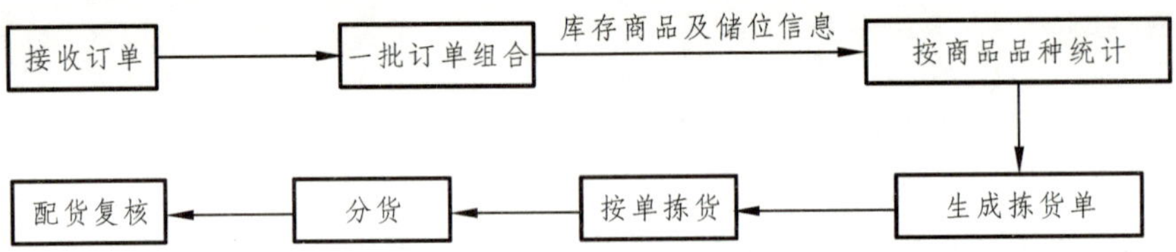

图 1.8.2　播种式拣选作业流程

优点包括：

（1）效率高；

（2）有利于车辆安排。

缺点包括：

（1）订单处理前置时间长，需要能进行统计分析、分货较好的订单处理系统；

（2）需要较大的分货区域。

三、拣选注意事项

1. 托盘货架区拣选出库时，应遵守先进先出的原则，有特殊要求除外。根据货物性质选择适宜的装卸搬运工具（地牛、叉车等），优化拣选作业路径，完成拣选作业。

2. 拆零拣选区出库时，采用周转箱或纸箱进行包装封箱，应遵守装箱规则，拆零货物包装内应放置装箱单。根据货物性质选择适宜的装卸搬运工具（拣选台车等），优化拣选作业路径，完成拣选作业。

四、实训案例

（一）拣选出库作业

根据出库要求，扫描订单条码和周转箱条码，完成订单与周转箱的绑定（一个订单可以绑定多个周转箱)；从电子拣选货架区拣选货品至周转箱，在每个周转箱醒目处粘贴客户标签，然后把周转箱放在托盘上或手推车上（周转箱最多码放两层）。将托盘或手推车搬运到发货区，验收后将签好字的出库单交给发货人。

（二）任务描述

某物流中心收到6张出库订单，请结合客户具体要求和现代企业管理制度，模拟完成2022年12月1日当天的物流中心的出库作业任务。

根据出库通知单信息（见表1.8.3 ~ 表1.8.8），结合货架区库存信息（见表1.8.1与表1.8.2）制订当天订单拣选计划，完成出库拣选单制作。拣选原则：

（1）一般情况按先进先出原则拣选，特殊情况按客户要求拣选；

（2）整箱货品优先采用播种式拣选方式，拆零货品一律采用摘果式拣选方式；

（3）播种式拣选每货品一个拣选单，摘果式拣选每客户一个拣选单；

（4）按出库通知单号从小到大的顺序拣选，如遇库存不足，此订单无效；

（5）不同货架区分别拣选，全部拣选完成，再进行合流；

（6）仅拣选当天出库订单的货物；

（7）瓶装货物需求不得换算为整箱出库。

表1.8.1　托盘货架A区库存信息结余表

序号	货物名称	单位	箱装规格（每箱）	库存结余/箱	储位
1	康师傅冰糖雪梨1.5 L	瓶	12	20	A0101
2	统一冰红茶1.5 L	瓶	12	25	A0102
3	统一茉莉花茶2.5 L	瓶	15	18	A0103
4	百事可乐350 mL	瓶	24	6	A0104
5	康师傅矿物质水220 mL	瓶	24	5	A0106
6	恒大冰泉500 mL	瓶	24	14	A0201
7	尖叫西柚味功能饮料330 mL	瓶	6	2	A0202
8	统一冰红茶350 mL	瓶	15	14	A0203
9	统一冰绿茶350 mL	瓶	15	10	A0204
10	倍丽西柚饮料330 mL	瓶	15	4	A0205
11	倍丽清香饮料330 mL	瓶	15	5	A0206
12	今麦郎纯净水250 mL	瓶	12	20	A0101

表1.8.2　电子标签拣选C区库存结余信息表

序号	储位编码	货品编码	货物名称	单位	箱装规格（每箱）	数量	补货点数量
1	C00001	AC001	尖叫西柚味功能饮料330 mL	瓶	24	30	20
2	C00002	AC002	百事可乐350 mL	瓶	24	18	16

续表

序号	储位编码	货品编码	货物名称	单位	箱装规格（每箱）	数量	补货点数量
3	C00003	AC003	心相印茶语丝享卷纸	卷	16	26	20
4	C00004	AC004	康师傅茉莉蜜茶	瓶	24	30	20
5	C00005	AC005	威猛先生洁厕液	瓶	20	30	20
6	C00006	AC006	恒大冰泉矿泉水（500 mL）	瓶	24	30	26
7	C00007	AC007	统一冰绿茶 350 mL	瓶	24	36	16
8	C00008	AC008	康师傅冰糖雪梨（500 mL）	瓶	24	32	16
9	C00009	AC009	康师傅茉莉清茶	瓶	24	28	20
10	C00010	AC010	百岁山矿泉水（570 mL）	瓶	24	26	20

表 1.8.3　出库通知单 1

发货库房：××物流公司仓库　　客户名称：家乐福超市

收货单位：家乐福超市 B 市仓库　　计划出库时间：2022-12-01 10:00

出库通知单号：20221201C01　　计划送货时间：2022-12-01 15:30 前

序号	货物名称	数量	单位	备注
1	统一冰红茶 1.5 L	15	箱	
2	今麦郎纯净水 250 mL	8	箱	

表 1.8.4　出库通知单 2

发货库房：××物流公司仓库　　客户名称：华联超市

收货单位：华联超市 B 市仓库　　计划出库时间：2022-12-01 10:00

出库通知单号：20221201C02　　计划送货时间：2022-12-01 15:30 前

序号	货物名称	数量	单位	备注
1	恒大冰泉 500 mL	10	箱	
2	百事可乐 350 mL	20	瓶	

表 1.8.5　出库通知单 3

发货库房：××物流公司仓库　　客户名称：金鑫百货

收货单位：金鑫百货 B 市仓库　　计划出库时间：2022-12-01 10:00

出库通知单号：20221201C03　　计划送货时间：2022-12-01 15:30 前

序号	货物名称	数量	单位	备注
1	尖叫西柚味功能饮料 330 mL	2	箱	
2	统一冰绿茶 350 mL	12	瓶	

表 1.8.6 出库通知单 4

发货库房：××物流公司仓库　　客户名称：好运批发

收货单位：好运批发市场　　计划出库时间：2022-12-01 10:00

出库通知单号：20221201C04　　计划送货时间：2022-12-01 15:30 前

序号	货物名称	数量	单位	备注
1	统一茉莉花茶 2.5 L	4	箱	
2	恒大冰泉 500 mL	2	箱	

表 1.8.7 出库通知单 5

发货库房：××物流公司仓库　　客户名称：中央商厦

收货单位：中央商厦 B 市仓库　　计划出库时间：2022-12-01 10:00

出库通知单号：20221201C05　　计划送货时间：2022-12-01 15:30 前

序号	货物名称	数量	单位	备注
1	今麦郎纯净水 250 mL	10	箱	
2	统一冰红茶 1.5 L	5	箱	

表 1.8.8 出库通知单 6

发货库房：××物流公司仓库　　客户名称：佳运批发

收货单位：佳运批发市场　　计划出库时间：2022-12-01 10:00

出库通知单号：20221201C06　　计划送货时间：2022-12-01 15:30 前

序号	货物名称	数量	单位	备注
1	统一茉莉花茶 2.5 L	10	箱	
2	尖叫西柚味功能饮料 330 mL	12	瓶	

（三）任务解析

根据题目所给要求，结合出库通知单，分别运用播种式和摘果式对托盘货架 A 区进行拣选，对电子标签拣选 C 区进行摘果式拣货，完成拣选单（见表 1.8.9 ~ 表 1.8.22）的填写。

1. 托盘货架 A 区播种式拣选单

表 1.8.9 播种式拣选单 1

<table>
<tr><td>拣货情况</td><td>货物名称</td><td>统一冰红茶 1.5 L</td><td>拣选货位</td><td>A0102</td><td>拣选数量</td><td>20</td></tr>
<tr><td rowspan="3">分货情况</td><td>客户名称</td><td>数量</td><td colspan="2">单位</td><td colspan="2">出库单号</td></tr>
<tr><td>家乐福超市</td><td>15</td><td colspan="2">箱</td><td colspan="2">20221201C01</td></tr>
<tr><td>中央商厦</td><td>5</td><td colspan="2">箱</td><td colspan="2">20221201C05</td></tr>
</table>

表 1.8.10 播种式拣选单 2

<table>
<tr><td>拣货情况</td><td>货物名称</td><td>今麦郎纯净水 250 mL</td><td>拣选货位</td><td>A0101</td><td>拣选数量</td><td>18</td></tr>
<tr><td rowspan="3">分货情况</td><td colspan="2">客户名称</td><td colspan="2">数量</td><td>单位</td><td>出库单号</td></tr>
<tr><td colspan="2">家乐福超市</td><td colspan="2">8</td><td>箱</td><td>20221201C01</td></tr>
<tr><td colspan="2">中央商厦</td><td colspan="2">10</td><td>箱</td><td>20221201C05</td></tr>
</table>

表 1.8.11 播种式拣选单 3

<table>
<tr><td>拣货情况</td><td>货物名称</td><td>恒大冰泉 500 mL</td><td>拣选货位</td><td>A0201</td><td>拣选数量</td><td>12</td></tr>
<tr><td rowspan="3">分货情况</td><td colspan="2">客户名称</td><td colspan="2">数量</td><td>单位</td><td>出库单号</td></tr>
<tr><td colspan="2">华联超市</td><td colspan="2">10</td><td>箱</td><td>20221201C02</td></tr>
<tr><td colspan="2">好运批发</td><td colspan="2">2</td><td>箱</td><td>20221201C04</td></tr>
</table>

表 1.8.12 播种式拣选单 4

<table>
<tr><td>拣货情况</td><td>货物名称</td><td>尖叫西柚味功能饮料 330 mL</td><td>拣选货位</td><td>A0202</td><td>拣选数量</td><td>2</td></tr>
<tr><td rowspan="3">分货情况</td><td colspan="2">客户名称</td><td colspan="2">数量</td><td>单位</td><td>出库单号</td></tr>
<tr><td colspan="2">金鑫百货</td><td colspan="2">2</td><td>箱</td><td>20221201C03</td></tr>
<tr><td colspan="2"></td><td colspan="2"></td><td>箱</td><td></td></tr>
</table>

表 1.8.13 播种式拣选单 5

<table>
<tr><td>拣货情况</td><td>货物名称</td><td>统一茉莉花茶 2.5 L</td><td>拣选货位</td><td>A0103</td><td>拣选数量</td><td>14</td></tr>
<tr><td rowspan="3">分货情况</td><td colspan="2">客户名称</td><td colspan="2">数量</td><td>单位</td><td>出库单号</td></tr>
<tr><td colspan="2">好运批发</td><td colspan="2">4</td><td>箱</td><td>20221201C04</td></tr>
<tr><td colspan="2">佳运批发</td><td colspan="2">10</td><td>箱</td><td>20221201C06</td></tr>
</table>

2. 托盘货架 A 区摘果式拣选单

表 1.8.14 摘果式拣选作业单 1

<table>
<tr><td colspan="2">出库单号：20221201C01</td><td colspan="2">客户名称：家乐福超市</td></tr>
<tr><td>货位号</td><td>商品名称</td><td>拣选单位</td><td>拣选数量</td></tr>
<tr><td>A0102</td><td>统一冰红茶 1.5 L</td><td>箱</td><td>15</td></tr>
<tr><td>A0101</td><td>今麦郎纯净水 250 mL</td><td>箱</td><td>8</td></tr>
</table>

表 1.8.15　摘果式拣选作业单 2

出库单号：20221201C02		客户名称：华联超市	
货位号	商品名称	拣选单位	拣选数量
A0201	恒大冰泉 500 mL	箱	10

表 1.8.16　摘果式拣选作业单 3

出库单号：20221201C03		客户名称：金鑫百货	
货位号	商品名称	拣选单位	拣选数量
A0202	尖叫西柚味功能饮料 330 mL	箱	2

表 1.8.17　摘果式拣选作业单 4

出库单号：20221201C04		客户名称：好运批发	
货位号	商品名称	拣选单位	拣选数量
A0103	统一茉莉花茶 2.5 L	箱	4
A0201	恒大冰泉 500 mL	箱	2

表 1.8.18　摘果式拣选作业单 5

出库单号：20221201C05		客户名称：中央商厦	
货位号	商品名称	拣选单位	拣选数量
A0101	今麦郎纯净水 250 mL	箱	10
A0203	统一冰红茶 1.5 L	箱	5

表 1.8.19　摘果式拣选作业单 6

出库单号：20221201C06		客户名称：佳运批发	
货位号	商品名称	拣选单位	拣选数量
A0103	统一茉莉花茶 2.5 L	箱	10

3. 电子标签拣选 C 区拣选单

表 1.8.20　摘果式拣选作业单 1

出库单号：20221201C02		客户名称：华联超市	
货位号	商品名称	拣选单位	拣选数量
C00002	百事可乐 350 mL	瓶	20

表 1.8.21　摘果式拣选作业单 2

出库单号：20221201C03		客户名称：金鑫百货	
货位号	商品名称	拣选单位	拣选数量
C00007	统一冰绿茶 350 mL	瓶	12

表 1.8.22　摘果式拣选作业单 3

出库单号：20221201C06		客户名称：佳运批发	
货位号	商品名称	拣选单位	拣选数量
C00001	尖叫西柚味功能饮料 330 mL	瓶	12

五、实训任务

根据出库通知单信息（见表 1.8.25～表 1.8.28），结合货架区库存信息（见表 1.8.23～表 1.8.24）制订当天订单拣选计划，完成出库拣选单（见表 1.8.29～表 1.8.37）制作。拣选原则：

（1）按出库通知单号顺序拣选，如遇库存不足，此订单无效；

（2）一般情况按先进先出原则拣选，特殊情况按客户要求拣选。

表 1.8.23　托盘货架 A 区 2022 年 03 月库存结余信息（截至 3 月 31 日 17:30）

序号	货物名称	单位	箱装规格（每箱）	单价/元	库存结余/箱	储位
1	佳洁士清透美白牙膏 20 g	支	40	29	40	A0101
2	佳洁士锁白致尚技术牙膏 20 g	支	40	29	34	A0102
3	佳洁士全优 7 效抗牙膏 20 g	支	40	25	30	A0103
4	欧乐 B 自愈小白管牙膏 200 g	支	40	25	25	A0104
5	舒客酵素专研美白牙膏 120 g	支	12	119	16	A0105
6	舒客立体爽清早晚牙膏 120 g	支	50	30	0	A0106
7	高露洁光感美白牙膏 85 g	支	50	100	20	A0201
8	高露洁牙膏奇绩修护牙膏 180 g	支	50	105	20	A0202
9	舒适达抗敏感专业修复牙膏 100 g	支	50	50	50	A0203
10	舒客立体爽清早晚牙膏 120 g	支	50	50	30	A0204
11	狮王美白牙膏 150 g	支	50	170	30	A0205
12	中华金纯魔丽迅白牙膏 170 g	支	50	30	20	A0304
13	两面针强健护龈牙膏 140 g	支	50	25	30	A0305
14	两面针清火消溃牙膏 120 g	支	50	25	34	A0306

表 1.8.24　电子标签拣选 C 区 2022 年 03 月库存结余信息（截至 3 月 31 日 17:30）

序号	储位编码	货品编码	货物名称	单位	箱装规格（每箱）	单价	数量	补货点数量
1	C0001	CT0001	佳洁士清透美白牙膏 20 g	支	40	29	20	20
2	C0002	CT0002	佳洁士锁白致尚技术牙膏 20 g	支	40	29	26	20
3	C0003	CT0003	佳洁士全优 7 效抗牙膏 20 g	支	40	25	38	20

续表

序号	储位编码	货品编码	货物名称	单位	箱装规格（每箱）	单价	数量	补货点数量
4	C0004	CT0004	佳洁士 3D 炫白茉莉茶牙膏 240 g	支	40	25	27	20
5	C0005	CT0005	舒客酵素专研美白牙膏 120 g	支	12	119	10	6
6	C0006	CT0006	舒客立体爽清早晚牙膏 120 g	支	50	30	20	30
7	C0007	CT0007	高露洁光感美白牙膏 85 g	支	50	100	10	30
8	C0008	CT0008	高露洁牙膏奇绩修护牙膏 180 g	支	50	105	46	30
9	C0009	CT0009	舒适达抗敏感专业修复牙膏 100 g	支	50	50	38	30
10	C0010	CT0010	舒适达抗敏感多重倍护牙膏 100 g	支	50	50	37	30
11	C0011	CT0011	狮王美白牙膏 150 g	支	50	170	40	30
12	C0012	CT0012	狮王去烟渍冰爽牙膏 130 g	支	50	30	45	30
13	C0013	CT0013	狮王酵素美白牙膏 130 g	支	50	45	26	30
14	C0014	CT0014	中华专研护龈牙膏 140 g	支	50	36	44	30
15	C0015	CT0015	中华深海晶盐牙膏 200 g	支	50	35	36	30
16	C0016	CT0016	中华金纯魔丽讯白牙膏 170 g	支	50	30	48	30
17	C0017	CT0017	两面针强健护龈牙膏 140 g	支	50	25	42	30
18	C0018	CT0018	两面针清火消溃牙膏 120 g	支	50	25	39	30
19	C0019	CT0019	欧乐 B 自愈小白管牙膏 200 g	支	40	45	38	20
20	C0020	CT0020	欧乐 B 牙龈专护牙膏 200 g	支	40	50	27	20
21	C0021	CT0021	好易康生物溶菌牙膏 120 g	支	12	50	11	6

表 1.8.25　出库通知单 1

发货库房：吉通物流公司仓库　　客户名称：家乐福超市

收货单位：家乐福超市 A 市仓库　　预计出库时间：2022-04-01 10:00

出库通知单号：20220331C01　　预计送货时间：2022-04-01 15:30 前

序号	货物名称	数量	单位	备注
1	欧乐 B 自愈小白管牙膏 200 g	5	箱	
2	欧乐 B 自愈小白管牙膏 200 g	20	支	

表 1.8.26　出库通知单 2

发货库房：吉通物流公司仓库　　客户名称：华联超市

收货单位：华联超市 A 市仓库　　预计出库时间：2022-04-01 10:00

出库通知单号：20220331C02　　预计送货时间：2022-04-01 15:30 前

序号	货物名称	数量	单位	备注
1	欧乐 B 自愈小白管牙膏 200 g	8	箱	
2	佳洁士全优 7 效抗牙膏 20 g	7	箱	

表 1.8.27 出库通知单 3

发货库房：吉通物流公司仓库　　客户名称：金鑫百货

收货单位：金鑫百货 A 市仓库　　预计出库时间：2022-04-01 10:00

出库通知单号：20220331C03　　预计送货时间：2022-04-01 15:30 前

序号	货物名称	数量	单位	备注
1	舒客立体爽清早晚牙膏 120 g	10	箱	
2	欧乐 B 自愈小白管牙膏 200 g	2	箱	

表 1.8.28 出库通知单 4

发货库房：吉通物流公司仓库　　客户名称：好运批发

收货单位：好运批发市场　　预计出库时间：2022-04-01 10:00

出库通知单号：20220331C04　　预计送货时间：2022-04-01 15:30 前

序号	货物名称	数量	单位	备注
1	舒客立体爽清早晚牙膏 120 g	15	箱	
2	高露洁光感美白牙膏 85 g	40	支	

1. 托盘货架 A 区播种式拣选单

表 1.8.29 播种式拣选单 1

<table>
<tr><td>拣货情况</td><td>货物名称</td><td></td><td>拣选货位</td><td></td><td>拣选数量</td><td></td></tr>
<tr><td rowspan="3">分货情况</td><td>客户名称</td><td>数量</td><td>单位</td><td colspan="3">出库单号</td></tr>
<tr><td></td><td></td><td></td><td colspan="3"></td></tr>
<tr><td></td><td></td><td></td><td colspan="3"></td></tr>
</table>

表 1.8.30 播种式拣选单 2

<table>
<tr><td>拣货情况</td><td>货物名称</td><td></td><td>拣选货位</td><td></td><td>拣选数量</td><td></td></tr>
<tr><td rowspan="3">分货情况</td><td>客户名称</td><td>数量</td><td>单位</td><td colspan="3">出库单号</td></tr>
<tr><td></td><td></td><td></td><td colspan="3"></td></tr>
<tr><td></td><td></td><td></td><td colspan="3"></td></tr>
</table>

表 1.8.31 播种式拣选单 3

<table>
<tr><td>拣货情况</td><td>货物名称</td><td></td><td>拣选货位</td><td></td><td>拣选数量</td><td></td></tr>
<tr><td rowspan="3">分货情况</td><td>客户名称</td><td>数量</td><td>单位</td><td colspan="3">出库单号</td></tr>
<tr><td></td><td></td><td></td><td colspan="3"></td></tr>
<tr><td></td><td></td><td></td><td colspan="3"></td></tr>
</table>

2. 托盘货架 A 区摘果式拣选单

表 1.8.32　摘果式拣选作业单 1

出库单号：		客户名称：	
货位号	商品名称	拣选单位	拣选数量

表 1.8.33　摘果式拣选作业单 2

出库单号：		客户名称：	
货位号	商品名称	拣选单位	拣选数量

表 1.8.34　摘果式拣选作业单 3

出库单号：		客户名称：	
货位号	商品名称	拣选单位	拣选数量

表 1.8.35　摘果式拣选作业单 4

出库单号：		客户名称：	
货位号	商品名称	拣选单位	拣选数量

3. 电子标签拣选 C 区拣选单

表 1.8.36　摘果式拣选作业单 1

出库单号：		客户名称：	
货位号	商品名称	拣选单位	拣选数量

表 1.8.37　摘果式拣选作业单 2

出库单号：		客户名称：	
货位号	商品名称	拣选单位	拣选数量

六、实训报告（见表 1.8.38）

表 1.8.38　实训报告

<table>
<tr><td>姓　名</td><td></td><td>学　号</td><td></td></tr>
<tr><td>专　业</td><td></td><td>班　级</td><td></td></tr>
<tr><td>实训日期</td><td></td><td>指导教师</td><td></td></tr>
<tr><td>实训项目</td><td colspan="3"></td></tr>
<tr><td colspan="4">实训收获及反思</td></tr>
<tr><td colspan="4"></td></tr>
</table>

任务 9　点检单编制

学习目标

素养目标

- 具备良好的沟通能力和团队合作能力；
- 具备基本技能，注重作业细节；
- 树立责任意识和诚信意识。

知识目标

- 掌握点检工作的方式、方法以及操作要领；
- 熟悉点检的作业流程；
- 掌握点检结果，进行差异分析。

能力目标

- 能够有效做好点检前的准备工作；
- 能够正确识读和使用点检的各种表单。

思维导图（见图 1.9.1）

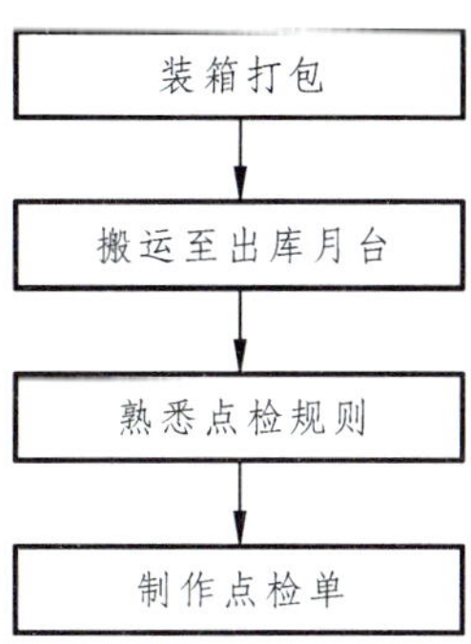

图 1.9.1　思维导图

一、项目概述

各区域出库完成后，在月台集中，等待装车，假设所有的货品都配装到一辆车上，请根据出库作业信息，制作装车点检单。

制作点检单时按照以下的优先顺序：

（1）按照先整箱后散货的原则制作点检单；

（2）按照货物的出库量从大到小的顺序制作点检单。

二、工作依据

（1）《物流术语》（GB/T 18354—2006）。
（2）《仓储从业人员职业资质》（GB/T 21070—2007）。
（3）《物流中心作业通用规范》（GB/T 22126—2008）。
（4）《仓储作业规范》（SB/T 10977—2013）。

三、实训环境要求

（一）场地要求

在配送实训室进行，实训场所面积至少为 80 m^2，能够满足 40 人同时开展点检实训教学项目。

（二）设备要求

1. 理货台

（1）主要功能：用于货物的理货作业。
（2）技术要求：1 200 mm × 600 mm × 800 mm（2 台）。

2. 周转箱

（1）主要功能：用于盛装货物并封箱，可多次周转、反复使用。
（2）技术要求：材质为塑料抗冲击改性 PP；基础尺寸为 600 mm × 400 mm 或与物流模数相匹配。

四、职业能力要求（见表 1.9.1）

表 1.9.1　点检作业职业能力要求

职业岗位	工作内容	基本技能	相关知识	技能要求
仓管员	点检作业	点检单制作	点检单的应用范围及必要要素	能够理解点检单，并根据出库作业信息，制作装车点检单

五、实训案例

1. 案例背景

骏马物流有限公司（以下简称骏马物流）是 B 市地区一家集物流、运输、仓储、配送、进出口代理等于一体的综合性质第三方专业物流公司，为客户提供全方位的优质服务。骏马物流公司在 B 市地区拥有物流服务网络，依托成熟的物流服务平台，业务范围包含覆盖长三角及周边地区仓储、市内配送等相关物流业务。

B 市万福集团（以下简称万福集团）将市内仓储配送和市外整车、干线运输等业务外包给骏马物流。

2. 库存信息

整箱的生活用品存放在货架 A 区，整箱的食品存放在货架 B 区，散货存放在电子标签拣选 C 区。库存信息见表 1.9.2 ~ 表 1.9.4。

表 1.9.2　托盘货架 A 区货物信息（截至 2020 年 3 月 31 日 18:00）

序号	储位	货物名称	单位	箱装规格（每箱）	库存量/箱
1	A00000	高露洁牙膏奇绩修护牙膏 180 g	箱	50	19
2	A00001	舒适达抗敏感专业修复牙膏 100 g	箱	50	25
3	A00002	佳洁士清透美白牙膏 20 g	箱	40	20
4	A00003	高露洁光感美白牙膏 85 g	箱	50	16
5	A00100	佳洁士锁白致尚技术牙膏 20 g	箱	40	18
6	A00104	舒适达抗敏感多重倍护牙膏 100 g	箱	50	30
7	A00201	蓝月亮洗衣液	箱	12	22
8	A00202	蓝月亮洗手液	箱	24	32
9	A00203	两面针强健护龈牙膏 140 g	箱	50	18
10	A00204	两面针清火消渍牙膏 120 g	箱	50	21

表 1.9.3　托盘货架 B 区货物信息（截至 2020 年 12 月 31 日 18:00）

序号	储位	货物名称	单位	箱装规格（每箱）	库存量/箱
1	B00000	阿尔卑斯牛奶硬糖	箱	30	14
2	B00001	徐福记小叭叭棉花糖 468 g	箱	4	15
3	B00002	徐福记小叭叭酥心糖 520 g	箱	4	9
4	B00003	康师傅冰红茶	箱	18	14
5	B00100	元气森林醇香乌龙茶 500 mL	箱	15	26
6	B00101	元气森林原味乳茶 300 mL	箱	20	15
7	B00102	脉动青柠口味饮料 400 mL	箱	12	27
8	B00201	康师傅柠檬红茶	箱	18	33
9	B00202	维他经典柠檬茶	箱	12	31
10	B00203	脉动雪柚橘子口味饮料 400 mL	箱	12	7

表 1.9.4　电子标签拣选 C 区 2021 年 03 月库存结余信息（截至 3 月 31 日 17:30）

序号	储位编码	货品编码	货物名称	单位	单价/元	数量	补货点
1	C00001	20210X00004	佳洁士清透美白牙膏 20 g	盒	29.9	18	8
2	C00002	20210X00005	佳洁士锁白致尚技术牙膏 20 g	盒	28.8	20	8
3	C00003	20210X00015	舒适达抗敏感专业修复牙膏 100 g	盒	49.9	9	8
4	C00004	20210X00014	舒适达抗敏感多重倍护牙膏 100 g	盒	54.5	18	8

续表

序号	储位编码	货品编码	货物名称	单位	单价/元	数量	补货点
5	C00005	20210X00002	高露洁光感美白牙膏 85 g	盒	69.5	9	8
6	C00006	20210X00003	高露洁牙膏奇绩修护牙膏 180 g	盒	89.9	21	8
7	C00007	20210X00009	蓝月亮洗衣液	瓶	39.8	16	10
8	C00008	20210X00008	蓝月亮洗手液	瓶	12.9	13	10
9	C00009	20210X00010	两面针强健护龈牙膏 140 g	盒	23.5	25	8
10	C00010	20210X00011	两面针清火消溃牙膏 120 g	盒	24.5	12	8
11	C00011	20210X00001	阿尔卑斯牛奶硬糖	袋	8.5	15	8
12	C00012	20210X00016	维他经典柠檬茶	瓶	2.5	15	7
13	C00013	20210X00006	康师傅冰红茶	瓶	2.9	13	7
14	C00014	20210X00007	康师傅柠檬红茶	瓶	2.9	8	7
15	C00015	20210X00019	元气森林醇香乌龙茶 500 mL	瓶	3	17	7
16	C00016	20210X00020	元气森林原味乳茶 300 mL	瓶	3	16	7
17	C00017	20210X00012	脉动青柠口味饮料 400 mL	瓶	3.5	14	7
18	C00018	20210X00017	徐福记小叭叭棉花糖 468 g	袋	29.9	12	8
19	C00019	20210X00018	徐福记小叭叭酥心糖 520 g	袋	29.9	16	8
20	C00020	20210X00013	脉动雪柚橘子口味饮料 400 mL	瓶	3.3	11	7

3. 物流作业计划信息（见表 1.9.5～表 1.9.14）

表 1.9.5　入库通知单 1

客户名称：万福集团　　　　入库库房：骏马物流公司仓库

入库通知单号：20210331R01　　　　预计入库时间：2021-04-01 8:00

序号	货物名称	数量	单位	包装尺寸/mm	批次号
1	高露洁光感美白牙膏 85 g	45	箱	190×370×270	20210315
2	佳洁士锁白致尚技术牙膏 20 g	30	箱	300×580×200	20210330

表 1.9.6　入库通知单 2

客户名称：万福集团　　　　入库库房：骏马物流公司仓库

入库通知单号：20210331R02　　　　预计入库时间：2021-04-01 16:00

序号	货物名称	数量	单位	包装尺寸/mm	批次号
1	徐福记小叭叭酥心糖 520 g	25	箱	285×380×270	20210308

表 1.9.7 出库通知单 1

发货库房：骏马物流公司仓库　　客户名称：家乐福超市

收货单位：家乐福超市 B 市仓库　　预计出库时间：2021-04-01 10:00

出库通知单号：20210331C01　　预计送货时间：2021-04-01 15:30 前

序号	货物名称	数量	单位	备注
1	高露洁光感美白牙膏 85 g	5	箱	
2	蓝月亮洗衣液	5	瓶	
3	两面针强健护龈牙膏 140 g	2	盒	
4	两面针清火消溃牙膏 120 g	1	盒	
5	舒适达抗敏感专业修复牙膏 100 g	8	盒	

表 1.9.8 出库通知单 2

发货库房：骏马物流公司仓库　　客户名称：华联超市

收货单位：华联超市 B 市仓库　　预计出库时间：2021-04-01 10:00

出库通知单号：20210331C02　　预计送货时间：2021-04-01 15:30 前

序号	货物名称	数量	单位	备注
1	两面针强健护龈牙膏 140 g	2	箱	
2	康师傅冰红茶	3	瓶	
3	康师傅柠檬红茶	5	瓶	
4	元气森林醇香乌龙茶 500 mL	4	瓶	

表 1.9.9 出库通知单 3

发货库房：骏马物流公司仓库　　客户名称：金鑫百货

收货单位：金鑫百货 B 市仓库　　预计出库时间：2021-04-01 10:00

出库通知单号：20210331C03　　预计送货时间：2021-04-01 15:30 前

序号	货物名称	数量	单位	备注
1	两面针强健护龈牙膏 140 g	10	箱	
2	两面针清火消溃牙膏 120 g	5	箱	

表 1.9.10 出库通知单 4

发货库房：骏马物流公司仓库　　客户名称：好运批发

收货单位：好运批发市场　　预计出库时间：2021-04-01 10:00

出库通知单号：20210331C04　　预计送货时间：2021-04-01 15:30 前

序号	货物名称	数量	单位	备注
1	脉动青柠口味饮料 400 mL	5	箱	
2	康师傅柠檬红茶	5	瓶	
3	蓝月亮洗衣液	10	瓶	

表 1.9.11　出库通知单 5

发货库房：骏马物流公司仓库　　客户名称：好运批发

收货单位：好运批发市场　　预计出库时间：2021-04-02 10:00

出库通知单号：20210331C05　　预计送货时间：2021-04-02 15:30 前

序号	货物名称	数量	单位	备注
1	脉动青柠口味饮料 400 mL	5	箱	
2	元气森林原味乳茶 300 mL	6	瓶	
3	脉动青柠口味饮料 400 mL	8	瓶	
4	徐福记小叭叭棉花糖 468 g	10	袋	
5	徐福记小叭叭酥心糖 520 g	3	袋	

表 1.9.12　出库通知单 6

发货库房：骏马物流公司仓库　　客户名称：苏宁易购

收货单位：苏宁易购 B 市仓库　　预计出库时间：2021-04-01 10:00

出库通知单号：20210331C06　　预计送货时间：2021-04-01 15:30 前

序号	货物名称	数量	单位	备注
1	脉动青柠口味饮料 400 mL	5	箱	
2	两面针强健护龈牙膏 140 g	3	箱	

表 1.9.13　出库通知单 7

发货库房：骏马物流公司仓库　　客户名称：中央商厦

收货单位：中央商厦 B 市仓库　　预计出库时间：2021-04-01 10:00

出库通知单号：20210331C07　　预计送货时间：2021-04-01 15:30 前

序号	货物名称	数量	单位	备注
1	脉动青柠口味饮料 400 mL	5	箱	

表 1.9.14　出库通知单 8

发货库房：骏马物流公司仓库　　客户名称：佳运批发

收货单位：佳运批发市场　　预计出库时间：2021-04-01 10:00

出库通知单号：20210331C08　　预计送货时间：2021-04-01 15:30 前

序号	货物名称	数量	单位	备注
1	高露洁光感美白牙膏 85 g	2	箱	

4. 作业要求

根据电子拣选区出库作业信息，制作订单出库点检计划，完成散货出库点检单制作，如表 1.9.15 ~ 表 1.9.17 所示。

表 1.9.15　点检单 1

收货单位	家乐福超市			
序号	货品名称	出库储位	单位	出库数量
1	蓝月亮洗衣液	C00007	瓶	5
2	两面针强健护龈牙膏 140 g	C00009	盒	2
3	两面针清火消溃牙膏 120 g	C00010	盒	1
4	舒适达抗敏感专业修复牙膏 100 g	C00003	盒	8

表 1.9.16　点检单 2

收货单位	华联超市			
序号	货品名称	出库储位	单位	出库数量
1	康师傅冰红茶	C00013	瓶	3
2	康师傅柠檬红茶	C00014	瓶	5
3	元气森林醇香乌龙茶 500 mL	C00015	瓶	4

表 1.9.17　点检单 3

收货单位	好运批发			
序号	货品名称	出库储位	单位	出库数量
1	康师傅柠檬红茶	C00014	瓶	5
2	蓝月亮洗衣液	C00007	瓶	10

备注：（1）可根据需要添加单据数量；
（2）行数不够请自行增加；
（3）点检单按照出库单顺序进行排列。

六、实训任务

1. 案例背景

快鹿物流有限公司（以下简称快鹿物流）成立于 2022 年 4 月，是威海市一家主营仓储、配送于一体的单一性质的第三方物流公司，为客户提供及时准确的优质服务。快鹿物流所用仓库为普通的常温库，所用车辆为普通的厢式货车，其业务范围仅局限在山东省威海市、山东省烟台市福山区和山东省青岛市。

2. 库存信息（见表 1.9.18～表 1.9.20）

表 1.9.18　托盘货架 A 区 2022 年 6 月库存结余信息（截至 6 月 20 日 17:30）

序号	货物名称	单位	库存结余/箱
1	农夫山泉饮用天然水 19 L	箱	5
2	农夫山泉饮用天然水 380 mL	箱	30
3	农夫山泉饮用天然水 4 L	箱	7
4	农夫山泉饮用天然水 550 mL	箱	4
5	农夫果园 100%橙汁 380 mL	箱	15
6	农夫果园 100%胡萝卜汁 380 mL	箱	22
7	农夫果园 30%混合果蔬橙味 1.5 L	箱	12
8	农夫果园 30%混合果蔬番茄味 1.5 L	箱	3
9	农夫果园 30%混合果蔬芒果味 1.5 L	箱	32
10	农夫果园 30%混合果蔬芒果味 500 mL	箱	14
11	尖叫活性肽运动饮料 550 mL	箱	40
12	尖叫纤维饮料 550 mL	箱	28
13	尖叫植物饮料 550 mL	箱	36

表 1.9.19　播种式电子标签拣选 B 区 2022 年 6 月部分库存结余信息（截至 6 月 20 日 17:30）

序号	储位编码	货品编码	品名	单位	数量/瓶	补货点/瓶
1	B0001	BT0001	农夫山泉饮用天然水 380 mL	瓶	55	30
2	B0002	BT0002	农夫山泉饮用天然水 550 mL	瓶	36	30
3	B0003	BT0003	农夫果园 30%混合果蔬橙味 500 mL	瓶	38	30
4	B0004	BT0004	农夫果园 30%混合果蔬芒果味 500 mL	瓶	32	30
5	B0005	BT0005	农夫果园 30%混合果蔬番茄味 500 mL	瓶	32	30
6	B0006	BT0006	尖叫植物饮料 550 mL	瓶	31	30
7	B0007	BT0007	尖叫活性肽运动饮料 550 mL	瓶	35	30
8	B0008	BT0008	尖叫纤维饮料 550 mL	瓶	40	30
9	B0009	BT0009	水溶 C100 西柚味 445 mL	瓶	36	30
10	B00010	BT0010	水溶 C100 柠檬味 445 mL	瓶	26	30
11	B00011	BT0011	水溶 C100 青皮桔味 445 mL	瓶	32	30

表 1.9.20 摘果式电子标签拣选 C 区 2022 年 6 月部分库存结余信息（截至 6 月 20 日 17:30）

序号	储位编码	货品编码	品名	单位	数量/瓶	补货点/瓶
1	C001	CT0001	农夫山泉饮用天然水 1.5 L	瓶	10	5
2	C002	CT0002	农夫山泉饮用天然水 4 L	瓶	8	5
3	C003	CT0003	农夫山泉饮用天然水 5 L	瓶	6	3
4	C004	CT0004	农夫山泉饮用天然水 19 L	瓶	2	3
5	C005	CT0005	农夫果园 30%混合果蔬橙味 1.5 L	瓶	8	5
6	C006	CT0006	农夫果园 30%混合果蔬芒果味 1.5 L	瓶	10	5
7	C007	CT0007	农夫果园 30%混合果蔬番茄味 1.5 L	瓶	8	5
8	C008	CT0008	农夫果园 100%番茄汁 380 mL	瓶	10	10
9	C009	CT0009	农夫果园 100%胡萝卜汁 380 mL	瓶	13	10
10	C0010	CT0010	农夫果园 100%橙汁 380 mL	瓶	12	10

3. 物流作业计划信息

（1）入库信息如表 1.9.21 所示。

表 1.9.21 入库通知单

客户名称：贸易公司　　　　入库库房：快鹿物流公司仓库

入库通知单号：20220621R01　　　　预计入库时间：2022-06-21 8:00

序号	货物名称	数量/箱	质量/kg	包装尺寸/mm	生产日期
1	水溶 C100 西柚味 445 mL	56	15.4	330×250×300	2022-04-13
2	尖叫植物饮料 550 mL	39	15.8	358×242×300	2022-04-17
3	农夫果园 100%橙汁 380 mL	85	9.4	300×230×200	2022-06-05
4	农夫山泉饮用天然水 550 mL	54	15.8	460×260×300	2022-05-11
5	农夫山泉饮用天然水 5 L	16	25.4	600×500×415	2022-05-11
6	农夫果园 30%混合果蔬芒果味 500 mL	64	15.6	330×210×300	2022-05-11
7	农夫果园 100%番茄汁 380 mL	51	9.4	300×230×200	2022-06-05
8	农夫果园 30%混合果蔬芒果味 1.5 L	28	20.1	600×500×415	2022-05-12
9	农夫果园 100%胡萝卜汁 380 mL	51	9.4	300×230×200	2022-06-05
10	农夫山泉饮用天然水 380 mL	40	9.4	520×380×200	2022-05-11
11	农夫果园 30%混合果蔬橙味 1.5 L	56	20.1	600×500×415	2022-05-12
12	尖叫活性肽运动饮料 550 mL	65	15.8	358×242×300	2022-04-17
13	农夫山泉饮用天然水 1.5 L	16	20.1	600×500×415	2022-05-11
14	水溶 C100 青皮桔味 445 mL	56	15.4	330×250×300	2022-04-11
15	农夫果园 30%混合果蔬橙味 500 mL	64	15.6	330×210×300	2022-05-13

续表

序号	货物名称	数量/箱	质量/kg	包装尺寸/mm	生产日期
16	农夫山泉饮用天然水 4 L	28	23.8	600×500×415	2022-05-11
17	尖叫纤维饮料 550 mL	39	15.8	358×242×300	2022-04-17
18	农夫果园 30%混合果蔬番茄味 1.5 L	28	20.1	600×500×415	2022-05-10
19	水溶 C100 柠檬味 445 mL	56	15.4	330×250×300	2022-04-12
20	农夫山泉饮用天然水 19 L	28	32.7	600×500×415	2022-05-11
21	农夫果园 30%混合果蔬番茄味 500 mL	64	15.6	330×210×300	2022-05-13
22	思念黑芝麻汤圆	20	25.5	600×500×500	2022-05-27
23	思念花生汤圆	20	25.5	600×500×500	2022-05-27

（2）出库信息如表 1.9.22 ~ 表 1.9.29 所示。

表 1.9.22　出库通知单 1

发货库房：快鹿物流公司仓库　　客户名称：盒马鲜生

收货单位：盒马鲜生仓库　　订单发出时间：2022-06-21 10:00

出库通知单号：20220621C01

序号	货物名称	数量	单位	备注
1	尖叫活性肽运动饮料 550 mL	10	箱	
2	尖叫纤维饮料 550 mL	12	箱	
3	尖叫植物饮料 550 mL	10	箱	
4	农夫果园 30%混合果蔬芒果味 500 mL	3	箱	
5	农夫山泉饮用天然水 5 L	2	箱	
6	水溶 C100 青皮桔味 445 mL	3	箱	
7	农夫山泉饮用天然水 380 mL	5	瓶	
8	农夫山泉饮用天然水 550 mL	2	瓶	
9	农夫山泉饮用天然水 1.5 L	4	瓶	
10	农夫山泉饮用天然水 4 L	4	瓶	

表 1.9.23　出库通知单 2

发货库房：快鹿物流公司仓库　　客户名称：大润发

收货单位：大润发仓库　　订单发出时间：2022-06-21 10:00

出库通知单号：20220621C02

序号	货物名称	数量	单位	备注
1	思念黑芝麻汤圆	10	箱	
2	思念花生汤圆	10	箱	
3	思念黑芝麻汤圆	4	袋	
4	思念花生汤圆	4	袋	

表 1.9.24　出库通知单 3

发货库房：快鹿物流公司仓库　　　　客户名称：华润苏果

收货单位：华润苏果仓库　　　　订单发出时间：2022-06-21 10:00

出库通知单号：20220621C03

序号	货物名称	数量	单位	备注
1	农夫果园 100%番茄汁 380 mL	10	箱	
2	农夫果园 100%胡萝卜汁 380 mL	10	箱	
3	农夫果园 30%混合果蔬橙味 500 mL	6	箱	
4	农夫果园 30%混合果蔬芒果味 500 mL	2	箱	
5	农夫山泉饮用天然水 5 L	3	箱	
6	水溶 C100 青皮桔味 445 mL	2	箱	
7	农夫山泉饮用天然水 380 mL	5	瓶	
8	农夫山泉饮用天然水 550 mL	2	瓶	
9	农夫山泉饮用天然水 5 L	4	瓶	
10	农夫山泉饮用天然水 19 L	4	瓶	

表 1.9.25　出库通知单 4

发货库房：快鹿物流公司仓库　　　　客户名称：家乐福

收货单位：家乐福仓库　　　　订单发出时间：2022-06-21 10:00

出库通知单号：20220621C04

序号	货物名称	数量	单位	备注
1	尖叫植物饮料 550 mL	12	箱	
2	农夫果园 100%橙汁 380 mL	10	箱	
3	农夫果园 30%混合果蔬番茄味 1.5 L	10	箱	
4	农夫山泉饮用天然水 5 L	4	箱	
5	农夫山泉饮用天然水 4 L	10	箱	
6	农夫山泉饮用天然水 550 mL	10	箱	
7	农夫山泉饮用天然水 380 mL	5	瓶	
8	农夫山泉饮用天然水 550 mL	2	瓶	
9	农夫山泉饮用天然水 1.5 L	4	瓶	
10	农夫山泉饮用天然水 5 L	4	瓶	

表 1.9.26　出库通知单 5

发货库房：快鹿物流公司仓库　　客户名称：永辉超市

收货单位：永辉超市仓库　　订单发出时间：2022-06-21 10:00

出库通知单号：20220621C05

序号	货物名称	数量	单位	备注
1	农夫果园 30%混合果蔬橙味 1.5 L	10	箱	
2	农夫果园 30%混合果蔬芒果味 1.5 L	12	箱	
3	农夫果园 30%混合果蔬番茄味 1.5 L	10	箱	
4	农夫果园 30%混合果蔬芒果味 500 mL	3	箱	
5	农夫山泉饮用天然水 5 L	4	箱	
6	水溶 C100 青皮桔味 445 mL	1	箱	
7	农夫山泉饮用天然水 380 mL	5	瓶	
8	农夫山泉饮用天然水 550 mL	2	瓶	
9	农夫果园 30%混合果蔬橙味 1.5 L	4	瓶	
10	农夫果园 30%混合果蔬芒果味 1.5 L	4	瓶	

表 1.9.27　出库通知单 6

发货库房：快鹿物流公司仓库　　客户名称：罗森便利店

收货单位：罗森便利店仓库　　订单发出时间：2022-06-21 10:00

出库通知单号：20220621C06

序号	货物名称	数量	单位	备注
1	尖叫纤维饮料 550 mL	12	箱	
2	尖叫植物饮料 550 mL	10	箱	
3	农夫果园 100%番茄汁 380 mL	10	箱	
4	农夫果园 30%混合果蔬芒果味 500 mL	2	箱	
5	农夫山泉饮用天然水 1.5 L	13	箱	
6	农夫山泉饮用天然水 4 L	13	箱	
7	农夫山泉饮用天然水 380 mL	5	瓶	
8	农夫山泉饮用天然水 550 mL	2	瓶	
9	农夫山泉饮用天然水 19 L	4	瓶	
10	农夫果园 30%混合果蔬橙味 1.5 L	4	瓶	

表 1.9.28 出库通知单 7

发货库房：快鹿物流公司仓库　　客户名称：世纪华联

收货单位：世纪华联仓库　　订单发出时间：2022-06-21 10:00

出库通知单号：20220621C07

序号	货物名称	数量	单位	备注
1	农夫果园 100%橙汁 380 mL	12	箱	
2	农夫果园 30%混合果蔬番茄味 500 mL	10	箱	
3	农夫果园 30%混合果蔬芒果味 500 mL	3	箱	
4	农夫山泉饮用天然水 1.5 L	6	箱	
5	农夫山泉饮用天然水 5 L	3	箱	
6	水溶 C100 青皮桔味 445 mL	1	箱	
7	农夫山泉饮用天然水 380 mL	5	瓶	
8	农夫山泉饮用天然水 550 mL	2	瓶	
9	农夫果园 100%番茄汁 380 mL	4	瓶	
10	农夫果园 100%胡萝卜汁 380 mL	4	瓶	

表 1.9.29 出库通知单 8

发货库房：快鹿物流公司仓库　　客户名称：便利蜂

收货单位：便利蜂仓库　　订单发出时间：2022-06-21 18:00

出库通知单号：20220621C08

序号	货物名称	数量	单位	备注
1	尖叫纤维饮料 550 mL	12	箱	
2	农夫果园 100%胡萝卜汁 380 mL	10	箱	
3	农夫山泉饮用天然水 19 L	10	箱	
4	农夫山泉饮用天然水 380 mL	12	箱	
5	水溶 C100 青皮桔味 445 mL	3	箱	
6	水溶 C100 西柚味 445 mL	10	箱	
7	农夫山泉饮用天然水 380 mL	5	瓶	
8	农夫山泉饮用天然水 550 mL	2	瓶	
9	农夫果园 30%混合果蔬芒果味 1.5 L	4	瓶	
10	农夫果园 30%混合果蔬番茄味 1.5 L	4	瓶	

4. 作业要求

根据电子拣选区出库作业信息，制作订单出库点检计划，完成散货出库点检单制作。

七、实训报告（见表 1.9.30）

表 1.9.30　实训报告

<table>
<tr><td>姓　名</td><td></td><td>学　号</td><td></td></tr>
<tr><td>专　业</td><td></td><td>班　级</td><td></td></tr>
<tr><td>实训日期</td><td></td><td>指导教师</td><td></td></tr>
<tr><td>实训项目</td><td colspan="3"></td></tr>
<tr><td colspan="4">实训收获及反思</td></tr>
<tr><td colspan="4"></td></tr>
</table>

模块 2

配送作业

任务 1 运输作业优化

学习目标

素养目标

- 培养敬业精神、安全意识、节约意识和劳动意识；
- 具备地理信息分析能力；
- 具备良好的沟通能力和团队合作能力；
- 具备成本意识，能够有效降低运输成本；
- 具备货运管理人员职业操守，能够廉洁奉公。

知识目标

- 具有从事货物运输作业的基础知识；
- 掌握货物运输作业的基本理论和基本方法；
- 熟悉货运业务流程。

能力目标

- 能够完成货物运量计划、车辆运用计划编制；
- 能够完成日货物分线运输安排；
- 能够按照货物运输任务要求，完成运输工具、运输路线、运输类型及运输方式的选择；
- 能够完成运费的计算；
- 能够使用图表表示数据及进行车辆调度作业。

思维导图（见图 2.1.1）

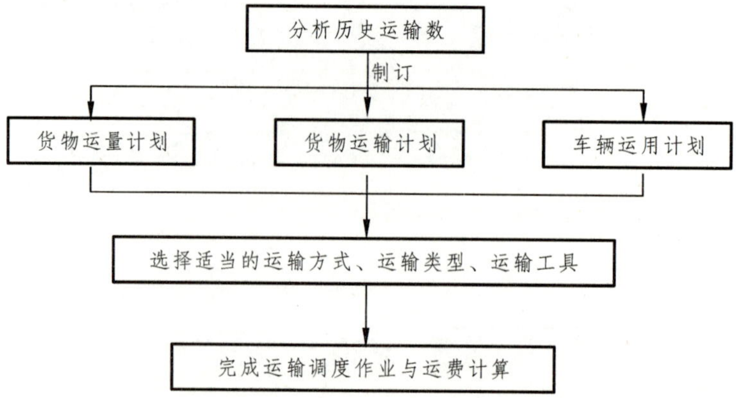

图 2.1.1　思维导图

一、项目概述

以历史运输数据为依据，制订货物运量计划、货物运输计划、车辆运用计划，针对货运任务要求，选择适当的运输方式、运输类型、运输工具，合理规划运输路线，完成运输调度作业与运费计算。

二、工作依据

（1）《中华人民共和国民法典》；

（2）《中华人民共和国道路交通安全法》；

（3）《中华人民共和国公路法》；

（4）《中华人民共和国道路交通安全法实施条例》；

（5）《中华人民共和国道路运输条例》；

（6）《道路货物运输及站场管理规定》；

（7）《道路运输车辆技术管理规定》；

（8）《道路运输从业人员管理规定》；

（9）《道路运输术语》（GB/T 8226—2008）；

（10）《物流从业人员职业能力要求　第 2 部分：运输、运输代理作业与作业管理》（WB/T 1056—2015）。

三、实训环境要求

（一）场地要求

在物流软件实训室或具备计算机操作环境的实训室进行，能够满足 40 人同时开展运输作业优化任务实训教学项目。

（二）设备要求（计算机设备）

主要功能：满足学生使用 Word 及 Excel 进行运输作业相关数据的统计分析。

技术要求：安装计算机操作系统及相关软件。

四、职业能力要求（见表 2.1.1）

表 2.1.1　运输作业的职业能力要求

职业岗位	工作内容	基本技能	相关知识	技能要求
运输调度	编制货运计划	货运数据分析、货物运输量、货运车辆等计划编制	货物运输规划	能够完成货运量计划、车辆运用计划编制；能够完成日货物分线运输安排
	分配货运任务	运输工具选择、运输类型选择、运输路线选择、车辆调度	配线、派车和调度的相关知识	能够按照货物运输任务要求，选择适当的运输工具、运输类型和运输路线
	运费结算	运费计算	运费的构成与计算、单据内容编制	能够完成货运单据的编制和运费的计算

五、实训案例

（一）案例内容

1. 案例背景

通达物流有限公司是一家集物流、运输、仓储、配送、进出口代理等于一体的综合性第三方物流公司。公司开展国内外业务，为客户提供安全、快捷、经济的站到站、门到门以及货运代理等多样的货物运输服务。通达物流有限公司（地址：F 市永怡路 15 号）在 M 省内 13 个地级市设有物流货运中心，提供货物储存、分拨调运，以及各货运中心周边地区普通货物的运输等业务。

2. 客户基础信息（见表 2.1.2）

表 2.1.2　客户基本信息

客户名称	收发货人姓名	收货单位	收货人地址	收发货人电话
长乐实业有限公司	李强	长乐实业有限公司上海分公司	上海××路 1 号	180××××3428
长乐实业有限公司	王明月	长乐实业有限公司杭州分公司	杭州市上城区××路 2 号	137××××9310
长乐实业有限公司	佟维维	长乐实业有限公司安庆分公司	安庆市宜秀区××路 3 号	137××××9310
长乐实业有限公司	高文	长乐实业有限公司武汉分公司	武汉市××大道 4 号	135××××2304
长乐实业有限公司	李定东	长乐实业有限公司重庆分公司	重庆市渝北区××大道 25 号	138××××2034
长乐实业有限公司	朱宝玉	长乐实业有限公司成都分公司	成都市××大道 6 号	156××××3416
长乐实业有限公司	王林	长乐实业有限公司总公司	F 市××路 7 号	151××××9865

续表

客户名称	收发货人姓名	收货单位	收货人地址	收发货人电话
长乐实业有限公司	王浩	长乐实业有限公司F市姚港路店	F市姚港路店8号	151××××9865
长乐实业有限公司	李进	长乐实业有限公司F市虹桥路店	F市虹桥路店17号	151××××9977
长乐实业有限公司	张文乐	长乐实业有限公司F市人民路店	F市人民路232号	151××××3982
长乐实业有限公司	刘海洋	长乐实业有限公司F市工农路店	F市工农路20号	151××××3729
长乐实业有限公司	赵文兵	长乐实业有限公司F市文峰路店	F市文峰路1号	151××××9922
长乐实业有限公司	卢宏	长乐实业有限公司F市洪江路店	F市洪江路72号	151××××6621
长乐实业有限公司	冯伟琪	长乐实业有限公司F市江通路店	F市江通路59号	151××××5672

3. 通达物流有限公司F市物流货运中心跨省班线情况

通达物流有限公司F市物流货运中心有6条发往外省的运输线路，提供定时发车、定时到达、定时配送服务，这6条班线的目的站分别为上海、杭州、安庆、武汉、重庆、成都，相互距离如图2.1.2所示。

F市						
130	上海					
250	170	杭州				
480	480	410	安庆			
770	820	750	340	武汉		
1 630	1 700	1 600	1 210	870	重庆	
1 900	1 960	1 880	1 480	1 160	300	成都

图 2.1.2 跨省各城市间距离（km）

4. 通达物流有限公司在M省内各货运中心点的距离（见图2.1.3）

A市												
180	B市											
330	490	C市										
120	60	430	D市									
210	50	510	90	E市								
240	110	480	120	120	F市							
70	140	350	80	170	170	G市						
190	290	200	250	320	290	200	H市					
100	170	330	110	200	170	40	190	I市				
150	130	380	90	160	120	80	180	70	J市			
260	220	310	200	250	190	200	120	160	120	K市		
320	420	200	370	450	360	310	130	280	310	190	L市	
250	400	120	340	430	390	260	110	240	280	340	140	W市

图 2.1.3 M省内各城市间货运点的距离（km）

5. 通达物流有限公司在M省内各城市间现有交通线路示意图（见图2.1.4）

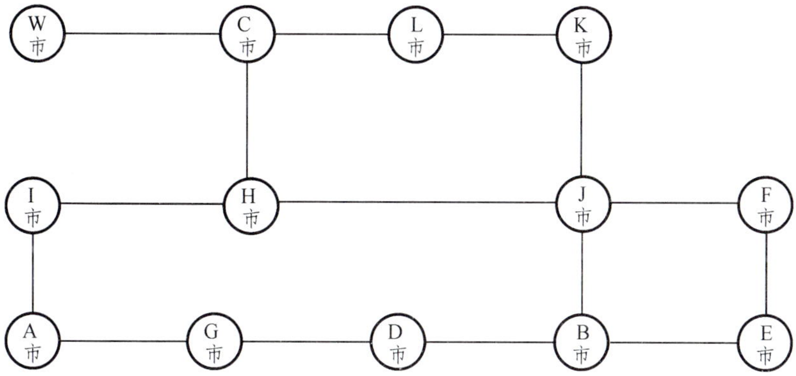

图2.1.4 M省内各城市间现有交通线路

6. 通达物流有限公司F市物流货运中心运力情况（见表2.1.3）

表2.1.3 F市物流货运中心运力情况

车牌	司机	载重/t	发车时间	车辆类型	运作路线	单次运行上限距离/km
F23173	赵新新	4	无	厢式货车	无	20
F23174	李磊	4	无	厢式货车	无	30
F23175	周浩文	6	无	厢式货车	无	40
F23176	吴天天	6	无	厢式货车	无	50
F23177	赵伟	8	8:00	厢式货车	F市—江州	无限制
F23178	姚鑫	8	8:00	厢式货车	F市—泰州	无限制
F23181	王成	8	9:00	厢式货车	F市—上海	无限制
F23182	冯新波	8	9:00	厢式货车	F市—杭州	无限制
F23183	刘山	10	9:00	厢式货车	F市—武汉	无限制
F23184	曹萌	10	9:00	厢式货车	F市—成都	无限制
F23185	陈东东	8	9:00	厢式货车	F市—杭州—安庆	无限制
F23186	王北方	10	9:00	厢式货车	F市—杭州—武汉	无限制
F23187	周迅	10	9:00	厢式货车	F市—重庆—成都	无限制

7. 通达物流有限公司F市物流货运中心2021年5月为长乐实业有限公司运输货物情况

F市物流货运中心5月份货物运输情况包括以下三部分：

（1）已从节约里程的角度安排车辆完成运输，还未及时统计运输数据，运输单据见表2.1.4～表2.1.6所示。

表 2.1.4 运输通知单 1

客户名称：长乐实业有限公司

运输通知单：20210530YS01　　业务类型：送货

取货单位：通达物流 F 市物流货运中心　　取货时间：2021-05-30 09:00

收货单位：长乐实业有限公司杭州分公司　　收货时间：2021-05-30 14:30 前

序号	货物名称	数量	单位	总质量/kg	备注
1	奥妙无磷全效洗衣粉 4 kg 袋装	300	袋	1 200.0	
2	碧浪无磷洗衣粉 1.8 kg 袋装	350	袋	630.0	
	合计	650		1 830.0	

表 2.1.5 运输通知单 2

客户名称：长乐实业有限公司

运输通知单：20210530YS02　　业务类型：送货

取货单位：通达物流 F 市物流货运中心　　取货时间：2021-05-30 09:00

收货单位：长乐实业有限公司安庆分公司　　收货时间：2021-05-30 19:30 前

序号	货物名称	数量	单位	总质量/kg	备注
1	碧浪洗衣液 2 kg 瓶装	480	瓶	960.0	
2	碧浪洗衣液 3 kg 袋装	300	袋	900.0	
3	雕牌全渍除菌洗衣液 2 kg 装	400	瓶	800.0	
4	汰渍洁净薰香洗衣液 3 kg 袋装	400	袋	1 200.0	
5	汰渍洗衣粉 1.55 kg 袋装	300	袋	465.0	
6	汰渍洗衣粉 3 kg 袋装	600	袋	1 800.0	
	合计	2 480		6 125.0	

表 2.1.6 运输通知单 3

客户名称：长乐实业有限公司

运输通知单：20210530YS03　　业务类型：送货

取货单位：通达物流 F 市物流货运中心　　取货时间：2021-05-30 09:00

收货单位：长乐实业有限公司武汉分公司　　收货时间：2021-05-30 23:30 前

序号	货物名称	数量	单位	总质量/kg	备注
1	奥妙无磷全效洗衣粉 4 kg 袋装	300	袋	1 200.0	
2	奥妙洗衣粉 4 kg 袋装	400	袋	1 600.0	
3	碧浪无磷洗衣粉 3.8 kg 袋装	300	袋	1 140.0	
4	碧浪洗衣液 2 kg 瓶装	500	瓶	1 000.0	
5	碧浪洗衣液 3 kg 袋装	300	袋	900.0	
6	雕牌无磷洗衣粉 5 kg 装	300	袋	1 500.0	

续表

序号	货物名称	数量	单位	总质量/kg	备注
7	雕牌阳光馨香洗衣液 2 kg	550	瓶	1 100.0	
8	汰渍洗衣粉 1.55 kg 袋装	700	袋	1 085.0	
9	汰渍洗衣粉 3 kg 袋装	100	袋	300.0	
合计		3 450		9 825.0	

（2）已从节约里程的角度安排车辆完成运输，未及时统计运输数据，待统计时发现运输单据发生丢失，表 2.1.7 和表 2.1.8 为丢失单据。

表 2.1.7　运输通知单 4

客户名称：长乐实业有限公司

运输通知单：20210528YS01　　业务类型：送货

取货单位：通达物流 F 市物流货运中心　　取货时间：2021-05-28 09:00

收货单位：长乐实业有限公司杭州分公司　　收货时间：2021-05-28 14:30 前

序号	货物名称	数量	单位	总质量/kg	备注
1	奥妙无磷全效洗衣粉 4 kg 袋装	200	袋	800.0	
2	奥妙洗衣粉 4 kg 袋装	300	袋	1 200.0	
3	碧浪无磷洗衣粉 1.8 kg 袋装	500	袋	900.0	
合计		1 000		2 900.0	

表 2.1.8　运输通知单 5

客户名称：长乐实业有限公司

运输通知单：20210528YS02　　业务类型：送货

取货单位：通达物流 F 市物流货运中心　　取货时间：2021-05-28 09:00

收货单位：长乐实业有限公司安庆分公司　　收货时间：2021-05-28 19:30 前

序号	货物名称	数量	单位	总质量/kg	备注
1	碧浪洗衣液 2 kg 瓶装	600	袋	1 200.0	
2	碧浪洗衣液 3 kg 袋装	400	袋	1 200.0	
3	雕牌全渍除菌洗衣液 2 kg 装	350	袋	700.0	
4	汰渍洁净薰香洗衣液 3 kg 袋装	200	袋	600.0	
5	汰渍洗衣粉 3 kg 袋装	440	袋	1 320.0	
合计		1 990		5 020.0	

（3）F 市物流货运中心 5 月份货物运输统计（部分），如表 2.1.9 所示。

表 2.1.9　5 月份货物运输统计表（部分）

调运时间	收货单位	货物名称	单重 /kg	单价 /元	数量	单位	总质量 /kg	货物价值 /元
2021-05-02	长乐实业有限公司杭州分公司	碧浪无磷洗衣粉 1.8 kg 袋装	1.8	25	600	袋	1 080	15 000
2021-05-02	长乐实业有限公司杭州分公司	雕牌阳光馨香洗衣液 2 kg	2	29	510	瓶	1 020	14 790
2021-05-02	长乐实业有限公司杭州分公司	奥妙无磷全效洗衣粉 4 kg 袋装	4	49	300	袋	1 200	14 700
2021-05-02	长乐实业有限公司杭州分公司	碧浪洗衣液 3 kg 袋装	3	39	390	袋	1 170	15 210
2021-05-02	长乐实业有限公司杭州分公司	汰渍洗衣粉 3 kg 袋装	3	35	200	袋	600	7 000
2021-05-02	长乐实业有限公司杭州分公司	汰渍洁雅百合洗衣液 3 kg 袋装	3	35	270	袋	810	9 450
2021-05-02	长乐实业有限公司杭州分公司	碧浪无磷洗衣粉 2.8 kg 袋装	2.8	34	100	袋	280	3 400
2021-05-02	长乐实业有限公司杭州分公司	雕牌无磷洗衣粉 5 kg 装	5	40	350	袋	1 750	14 000
2021-05-02	长乐实业有限公司上海分公司	汰渍洗衣粉 3 kg 袋装	3	35	400	袋	1 200	14 000
2021-05-02	长乐实业有限公司上海分公司	汰渍洁雅百合洗衣液 3 kg 袋装	3	35	300	袋	900	10 500
2021-05-02	长乐实业有限公司上海分公司	汰渍洗衣粉 3 kg 袋装	3	35	480	袋	1 440	16 800
2021-05-02	长乐实业有限公司上海分公司	碧浪洗衣液 2 kg 瓶装	2	30	200	瓶	400	6 000
2021-05-02	长乐实业有限公司上海分公司	碧浪洗衣液 3 kg 袋装	3	39	330	袋	990	12 870
2021-05-02	长乐实业有限公司上海分公司	雕牌全渍除菌洗衣液 2 kg 装	2	25	500	瓶	1 000	12 500
2021-05-02	长乐实业有限公司上海分公司	雕牌全渍净除菌除螨洗衣液 1.5 kg	1.5	20	560	瓶	840	11 200
2021-05-02	长乐实业有限公司上海分公司	雕牌无磷洗衣粉 5 kg 装	5	40	200	袋	1 000	8 000

续表

调运时间	收货单位	货物名称	单重/kg	单价/元	数量	单位	总质量/kg	货物价值/元
2021-05-02	长乐实业有限公司重庆分公司	奥妙无磷全效洗衣粉 4 kg 袋装	4	49	400	袋	1 600	19 600
2021-05-02	长乐实业有限公司重庆分公司	奥妙洗衣粉 4 kg 袋装	4	20	250	袋	1 000	5 000
2021-05-02	长乐实业有限公司重庆分公司	碧浪无磷洗衣粉 1.8 kg 袋装	1.8	25	540	袋	972	13 500
2021-05-02	长乐实业有限公司重庆分公司	碧浪洗衣液 2 kg 瓶装	2	30	300	瓶	600	9 000
2021-05-02	长乐实业有限公司重庆分公司	碧浪洗衣液 3 kg 袋装	3	39	350	袋	1 050	13 650
2021-05-02	长乐实业有限公司成都分公司	雕牌无磷洗衣粉 5 kg 装	5	40	300	袋	1 500	12 000
2021-05-02	长乐实业有限公司成都分公司	雕牌阳光馨香洗衣液 2 kg	2	29	600	瓶	1 200	17 400
2021-05-02	长乐实业有限公司成都分公司	汰渍洁净薰香洗衣液 3 kg 袋装	3	42	300	袋	900	12 600
2021-05-02	长乐实业有限公司成都分公司	汰渍洗衣粉 1.55 kg 袋装	1.55	19	500	袋	775	9 500
2021-05-05	长乐实业有限公司上海分公司	奥妙无磷全效洗衣粉 4 kg 袋装	4	49	400	袋	1 600	19 600
2021-05-05	长乐实业有限公司上海分公司	碧浪无磷洗衣粉 1.8 kg 袋装	1.8	25	600	袋	1 080	15 000
2021-05-05	长乐实业有限公司上海分公司	碧浪无磷洗衣粉 3.8 kg 袋装	3.8	40	400	袋	1 520	16 000
2021-05-05	长乐实业有限公司上海分公司	碧浪无磷洗衣粉 2.8 kg 袋装	2.8	34	200	袋	560	6 800
2021-05-05	长乐实业有限公司上海分公司	奥妙洗衣粉 4 kg 袋装	4	20	500	袋	2 000	10 000
2021-05-05	长乐实业有限公司上海分公司	雕牌全渍除菌洗衣液 2 kg 装	2	25	600	瓶	1 200	15 000
2021-05-05	长乐实业有限公司杭州分公司	雕牌全渍除菌洗衣液 2 kg 装	2	25	480	瓶	960	12 000

续表

调运时间	收货单位	货物名称	单重/kg	单价/元	数量	单位	总质量/kg	货物价值/元
2021-05-05	长乐实业有限公司杭州分公司	雕牌阳光馨香洗衣液 2 kg	2	29	510	瓶	1 020	14 790
2021-05-05	长乐实业有限公司杭州分公司	汰渍洗衣粉 3 kg 袋装	3	35	240	袋	720	8 400
2021-05-05	长乐实业有限公司武汉分公司	碧浪洗衣液 3 kg 袋装	3	39	380	袋	1 140	14 820
2021-05-05	长乐实业有限公司武汉分公司	奥妙无磷全效洗衣粉 4 kg 袋装	4	49	500	袋	2 000	24 500
2021-05-05	长乐实业有限公司武汉分公司	奥妙洗衣粉 4 kg 袋装	4	20	640	袋	2 560	12 800
2021-05-05	长乐实业有限公司武汉分公司	碧浪无磷洗衣粉 3.8 kg 袋装	3.8	40	400	袋	1 520	16 000
2021-05-08	长乐实业有限公司杭州分公司	奥妙无磷全效洗衣粉 4 kg 袋装	4	49	300	袋	1 200	14 700
2021-05-08	长乐实业有限公司杭州分公司	奥妙洗衣粉 4 kg 袋装	4	20	210	袋	840	4 200
2021-05-08	长乐实业有限公司杭州分公司	碧浪无磷洗衣粉 1.8 kg 袋装	1.8	25	340	袋	612	8 500
2021-05-08	长乐实业有限公司杭州分公司	碧浪无磷洗衣粉 3.8 kg 袋装	3.8	40	190	袋	722	7 600
2021-05-08	长乐实业有限公司安庆分公司	碧浪洗衣液 2 kg 瓶装	2	30	330	瓶	660	9 900
2021-05-08	长乐实业有限公司安庆分公司	碧浪洗衣液 3 kg 袋装	3	39	330	袋	990	12 870
2021-05-08	长乐实业有限公司安庆分公司	雕牌全渍除菌洗衣液 2 kg 装	2	25	170	瓶	340	4 250
2021-05-08	长乐实业有限公司安庆分公司	雕牌全渍净除菌除螨洗衣液 1.5 kg	1.5	20	560	瓶	840	11 200
2021-05-08	长乐实业有限公司安庆分公司	汰渍洁净薰香洗衣液 3 kg 袋装	3	42	240	袋	720	10 080
2021-05-08	长乐实业有限公司安庆分公司	汰渍洗衣粉 1.55 kg 袋装	1.55	19	200	袋	310	3 800

续表

调运时间	收货单位	货物名称	单重/kg	单价/元	数量	单位	总质量/kg	货物价值/元
2021-05-08	长乐实业有限公司安庆分公司	汰渍洗衣粉 3 kg 袋装	3	35	220	袋	660	7 700
2021-05-10	长乐实业有限公司杭州分公司	雕牌全渍除菌洗衣液 2 kg 装	2	25	480	瓶	960	12 000
2021-05-10	长乐实业有限公司杭州分公司	雕牌阳光馨香洗衣液 2 kg	2	29	510	瓶	1 020	14 790
2021-05-10	长乐实业有限公司杭州分公司	汰渍洗衣粉 3 kg 袋装	3	35	240	袋	720	8 400
2021-05-10	长乐实业有限公司武汉分公司	碧浪洗衣液 3 kg 袋装	3	39	380	袋	1 140	14 820
2021-05-10	长乐实业有限公司武汉分公司	奥妙无磷全效洗衣粉 4 kg 袋装	4	49	500	袋	2 000	24 500
2021-05-10	长乐实业有限公司武汉分公司	奥妙洗衣粉 4 kg 袋装	4	20	640	袋	2 560	12 800
2021-05-10	长乐实业有限公司武汉分公司	碧浪无磷洗衣粉 3.8 kg 袋装	3.8	40	400	袋	1 520	16 000
2021-05-11	长乐实业有限公司杭州分公司	奥妙无磷全效洗衣粉 4 kg 袋装	4	49	300	袋	1 200	14 700
2021-05-11	长乐实业有限公司杭州分公司	奥妙洗衣粉 4 kg 袋装	4	20	210	袋	840	4 200
2021-05-11	长乐实业有限公司杭州分公司	碧浪无磷洗衣粉 1.8 kg 袋装	1.8	25	340	袋	612	8 500
2021-05-11	长乐实业有限公司杭州分公司	碧浪无磷洗衣粉 3.8 kg 袋装	3.8	40	190	袋	722	7 600
2021-05-11	长乐实业有限公司安庆分公司	碧浪洗衣液 2 kg 瓶装	2	30	330	瓶	660	9 900
2021-05-11	长乐实业有限公司安庆分公司	碧浪洗衣液 3 kg 袋装	3	39	330	袋	990	12 870
2021-05-11	长乐实业有限公司安庆分公司	雕牌全渍除菌洗衣液 2 kg 装	2	25	170	瓶	340	4 250
2021-05-11	长乐实业有限公司安庆分公司	雕牌全渍净除菌除螨洗衣液 1.5 kg	1.5	20	560	瓶	840	11 200

续表

调运时间	收货单位	货物名称	单重/kg	单价/元	数量	单位	总质量/kg	货物价值/元
2021-05-11	长乐实业有限公司安庆分公司	汰渍洁净薰香洗衣液 3 kg 袋装	3	42	240	袋	720	10 080
2021-05-11	长乐实业有限公司安庆分公司	汰渍洗衣粉 1.55 kg 袋装	1.55	19	200	袋	310	3 800
2021-05-11	长乐实业有限公司安庆分公司	汰渍洗衣粉 3 kg 袋装	3	35	220	袋	660	7 700
2021-05-13	长乐实业有限公司杭州分公司	雕牌全渍除菌洗衣液 2 kg 装	2	25	490	瓶	980	12 250
2021-05-13	长乐实业有限公司杭州分公司	雕牌阳光馨香洗衣液 2 kg	2	29	400	瓶	800	11 600
2021-05-13	长乐实业有限公司杭州分公司	汰渍洗衣粉 3 kg 袋装	3	35	260	袋	780	9 100
2021-05-13	长乐实业有限公司武汉分公司	碧浪洗衣液 3 kg 袋装	3	39	480	袋	1 440	18 720
2021-05-13	长乐实业有限公司武汉分公司	奥妙无磷全效洗衣粉 4 kg 袋装	4	49	500	袋	2 000	24 500
2021-05-13	长乐实业有限公司武汉分公司	奥妙洗衣粉 4 kg 袋装	4	20	540	袋	2 160	10 800
2021-05-13	长乐实业有限公司武汉分公司	碧浪无磷洗衣粉 3.8 kg 袋装	3.8	40	480	袋	1 824	19 200
2021-05-15	长乐实业有限公司杭州分公司	奥妙无磷全效洗衣粉 4 kg 袋装	4	49	690	袋	2 760	33 810
2021-05-15	长乐实业有限公司杭州分公司	碧浪无磷洗衣粉 1.8 kg 袋装	1.8	25	800	袋	1 440	20 000
2021-05-15	长乐实业有限公司杭州分公司	碧浪无磷洗衣粉 3.8 kg 袋装	3.8	40	780	袋	2 964	31 200
2021-05-15	长乐实业有限公司杭州分公司	碧浪洗衣液 2 kg 瓶装	2	30	410	瓶	820	12 300
2021-05-15	长乐实业有限公司上海分公司	汰渍洁雅百合洗衣液 3 kg 袋装	3	35	540	袋	1 620	18 900
2021-05-15	长乐实业有限公司上海分公司	汰渍洗衣粉 3 kg 袋装	3	35	440	袋	1 320	15 400

续表

调运时间	收货单位	货物名称	单重/kg	单价/元	数量	单位	总质量/kg	货物价值/元
2021-05-15	长乐实业有限公司上海分公司	碧浪洗衣液 2 kg 瓶装	2	30	400	瓶	800	12 000
2021-05-15	长乐实业有限公司上海分公司	碧浪洗衣液 3 kg 袋装	3	39	850	袋	2 550	33 150
2021-05-15	长乐实业有限公司上海分公司	雕牌全渍除菌洗衣液 2 kg 装	2	25	500	瓶	1 000	12 500
2021-05-15	长乐实业有限公司上海分公司	雕牌全渍净除菌除螨洗衣液 1.5 kg	1.5	20	440	瓶	660	8 800
2021-05-17	长乐实业有限公司杭州分公司	奥妙无磷全效洗衣粉 4 kg 袋装	4	49	300	袋	1 200	14 700
2021-05-17	长乐实业有限公司杭州分公司	奥妙洗衣粉 4 kg 袋装	4	20	210	袋	840	4 200
2021-05-17	长乐实业有限公司杭州分公司	碧浪无磷洗衣粉 1.8 kg 袋装	1.8	25	340	袋	612	8 500
2021-05-17	长乐实业有限公司杭州分公司	碧浪无磷洗衣粉 3.8 kg 袋装	3.8	40	190	袋	722	7 600
2021-05-17	长乐实业有限公司安庆分公司	碧浪洗衣液 2 kg 瓶装	2	30	330	瓶	660	9 900
2021-05-17	长乐实业有限公司安庆分公司	碧浪洗衣液 3 kg 袋装	3	39	330	袋	990	12 870
2021-05-17	长乐实业有限公司安庆分公司	雕牌全渍除菌洗衣液 2 kg 装	2	25	170	瓶	340	4 250
2021-05-17	长乐实业有限公司安庆分公司	雕牌全渍净除菌除螨洗衣液 1.5 kg	1.5	20	560	瓶	840	11 200
2021-05-17	长乐实业有限公司安庆分公司	汰渍洁净薰香洗衣液 3 kg 袋装	3	42	240	袋	720	10 080
2021-05-17	长乐实业有限公司安庆分公司	汰渍洗衣粉 1.55 kg 袋装	1.55	19	200	袋	310	3 800
2021-05-17	长乐实业有限公司安庆分公司	汰渍洗衣粉 3 kg 袋装	3	35	220	袋	660	7 700
2021-05-19	长乐实业有限公司杭州分公司	碧浪无磷洗衣粉 1.8 kg 袋装	1.8	25	240	袋	432	6 000

续表

调运时间	收货单位	货物名称	单重/kg	单价/元	数量	单位	总质量/kg	货物价值/元
2021-05-19	长乐实业有限公司杭州分公司	雕牌阳光馨香洗衣液 2 kg	2	29	440	瓶	880	12 760
2021-05-19	长乐实业有限公司杭州分公司	奥妙无磷全效洗衣粉 4 kg 袋装	4	49	420	袋	1 680	20 580
2021-05-19	长乐实业有限公司杭州分公司	碧浪洗衣液 3 kg 袋装	3	39	390	袋	1 170	15 210
2021-05-19	长乐实业有限公司杭州分公司	汰渍洗衣粉 3 kg 袋装	3	35	120	袋	360	4 200
2021-05-19	长乐实业有限公司杭州分公司	汰渍洁雅百合洗衣液 3 kg 袋装	3	35	220	袋	660	7 700
2021-05-19	长乐实业有限公司杭州分公司	碧浪无磷洗衣粉 2.8 kg 袋装	2.8	34	120	袋	336	4 080
2021-05-19	长乐实业有限公司杭州分公司	雕牌无磷洗衣粉 5 kg 装	5	40	470	袋	2 350	18 800
2021-05-21	长乐实业有限公司重庆分公司	奥妙无磷全效洗衣粉 4 kg 袋装	4	49	500	袋	2 000	24 500
2021-05-21	长乐实业有限公司重庆分公司	奥妙洗衣粉 4 kg 袋装	4	20	340	袋	1 360	6 800
2021-05-21	长乐实业有限公司重庆分公司	碧浪无磷洗衣粉 3.8 kg 袋装	3.8	40	200	袋	760	8 000
2021-05-21	长乐实业有限公司重庆分公司	碧浪洗衣液 2 kg 瓶装	2	30	300	瓶	600	9 000
2021-05-21	长乐实业有限公司成都分公司	碧浪洗衣液 3 kg 袋装	3	39	430	袋	1 290	16 770
2021-05-21	长乐实业有限公司成都分公司	雕牌全渍除菌洗衣液 2 kg 装	2	25	400	瓶	800	10 000
2021-05-21	长乐实业有限公司成都分公司	雕牌阳光馨香洗衣液 2 kg	2	29	110	瓶	220	3 190
2021-05-21	长乐实业有限公司成都分公司	汰渍洁净薰香洗衣液 3 kg 袋装	3	42	560	袋	1 680	23 520
2021-05-21	长乐实业有限公司成都分公司	汰渍洗衣粉 1.55 kg 袋装	1.55	19	300	袋	465	5 700

续表

调运时间	收货单位	货物名称	单重/kg	单价/元	数量	单位	总质量/kg	货物价值/元
2021-05-21	长乐实业有限公司成都分公司	汰渍洗衣粉 3 kg 袋装	3	35	270	袋	810	9 450
2021-05-22	长乐实业有限公司上海分公司	汰渍洗衣粉 3 kg 袋装	3	35	330	袋	990	11 550
2021-05-22	长乐实业有限公司上海分公司	汰渍洁雅百合洗衣液 3 kg 袋装	3	35	310	袋	930	10 850
2021-05-22	长乐实业有限公司上海分公司	汰渍洗衣粉 3 kg 袋装	3	35	200	袋	600	7 000
2021-05-22	长乐实业有限公司上海分公司	碧浪洗衣液 2 kg 瓶装	2	30	440	瓶	880	13 200
2021-05-22	长乐实业有限公司上海分公司	碧浪洗衣液 3 kg 袋装	3	39	410	袋	1 230	15 990
2021-05-22	长乐实业有限公司上海分公司	雕牌全渍除菌洗衣液 2 kg 装	2	25	380	瓶	760	9 500
2021-05-22	长乐实业有限公司上海分公司	雕牌全渍净除菌除螨洗衣液 1.5 kg	1.5	20	600	瓶	900	12 000
2021-05-22	长乐实业有限公司上海分公司	雕牌无磷洗衣粉 5 kg 装	5	40	330	袋	1 650	13 200
2021-05-24	长乐实业有限公司杭州分公司	碧浪无磷洗衣粉 1.8 kg 袋装	1.8	25	440	袋	792	11 000
2021-05-24	长乐实业有限公司杭州分公司	雕牌阳光馨香洗衣液 2 kg	2	29	340	瓶	680	9 860
2021-05-24	长乐实业有限公司杭州分公司	奥妙无磷全效洗衣粉 4 kg 袋装	4	49	300	袋	1 200	14 700
2021-05-24	长乐实业有限公司杭州分公司	碧浪洗衣液 3 kg 袋装	3	39	420	袋	1 260	16 380
2021-05-24	长乐实业有限公司杭州分公司	汰渍洗衣粉 3 kg 袋装	3	35	220	袋	660	7 700
2021-05-24	长乐实业有限公司杭州分公司	汰渍洁雅百合洗衣液 3 kg 袋装	3	35	100	袋	300	3 500
2021-05-24	长乐实业有限公司杭州分公司	碧浪无磷洗衣粉 2.8 kg 袋装	2.8	34	310	袋	868	10 540

续表

调运时间	收货单位	货物名称	单重/kg	单价/元	数量	单位	总质量/kg	货物价值/元
2021-05-24	长乐实业有限公司杭州分公司	雕牌无磷洗衣粉 5 kg 装	5	40	380	袋	1 900	15 200
2021-05-25	长乐实业有限公司杭州分公司	奥妙无磷全效洗衣粉 4 kg 袋装	4	49	310	袋	1 240	15 190
2021-05-25	长乐实业有限公司杭州分公司	奥妙洗衣粉 4 kg 袋装	4	20	210	袋	840	4 200
2021-05-25	长乐实业有限公司杭州分公司	碧浪无磷洗衣粉 1.8 kg 袋装	1.8	25	340	袋	612	8 500
2021-05-25	长乐实业有限公司杭州分公司	碧浪无磷洗衣粉 3.8 kg 袋装	3.8	40	290	袋	1 102	11 600
2021-05-25	长乐实业有限公司安庆分公司	碧浪洗衣液 2 kg 瓶装	2	30	330	瓶	660	9 900
2021-05-25	长乐实业有限公司安庆分公司	碧浪洗衣液 3 kg 袋装	3	39	330	袋	990	12 870
2021-05-25	长乐实业有限公司安庆分公司	雕牌全渍除菌洗衣液 2 kg 装	2	25	300	瓶	600	7 500
2021-05-25	长乐实业有限公司安庆分公司	雕牌全渍净除菌除螨洗衣液 1.5 kg	1.5	20	200	瓶	300	4 000
2021-05-25	长乐实业有限公司安庆分公司	汰渍洁净薰香洗衣液 3 kg 袋装	3	42	340	袋	1 020	14 280
2021-05-25	长乐实业有限公司安庆分公司	汰渍洗衣粉 1.55 kg 袋装	1.55	19	200	袋	310	3 800
2021-05-25	长乐实业有限公司安庆分公司	汰渍洗衣粉 3 kg 袋装	3	35	100	袋	300	3 500
2021-05-26	长乐实业有限公司杭州分公司	雕牌全渍除菌洗衣液 2 kg 装	2	25	500	瓶	1 000	12 500
2021-05-26	长乐实业有限公司杭州分公司	雕牌阳光馨香洗衣液 2 kg	2	29	300	瓶	600	8 700
2021-05-26	长乐实业有限公司杭州分公司	汰渍洗衣粉 3 kg 袋装	3	35	400	袋	1 200	14 000
2021-05-26	长乐实业有限公司武汉分公司	碧浪洗衣液 3 kg 袋装	3	39	300	袋	900	11 700

续表

调运时间	收货单位	货物名称	单重/kg	单价/元	数量	单位	总质量/kg	货物价值/元
2021-05-26	长乐实业有限公司武汉分公司	奥妙无磷全效洗衣粉 4 kg 袋装	4	49	200	袋	800	9 800
2021-05-26	长乐实业有限公司武汉分公司	奥妙洗衣粉 4 kg 袋装	4	20	720	袋	2 880	14 400
2021-05-26	长乐实业有限公司武汉分公司	碧浪无磷洗衣粉 3.8 kg 袋装	3.8	40	660	袋	2 508	26 400

8. 普通货物运价分等表（见表 2.1.10）

表 2.1.10　普通货物运价分等表

等级	序号	货类	货物名称
一等货物	1	砂	砂子
	2	石	片石、渣石、寸石、石硝、粒石、卵石
	3	非金属矿石	各种非金属矿石
	4	土	各种土、垃圾
	5	渣	炉渣、炉灰、水渣、各种灰烬、碎砖瓦
二等货物	1	煤	原煤、块煤、可燃性片岩
	2	粮食及加工品	各种粮食（稻、麦、各种杂粮、薯类）及其加工品
	3	棉花、麻	皮棉、籽棉、絮棉、旧棉、棉胎、木棉、各种麻类
	4	油料作物	花生、芝麻、油菜子、蓖麻子及其他油料作物
	5	烟叶	烤烟、土烟
	6	蔬菜、瓜果	鲜蔬菜、鲜菌类、鲜水果、甘蔗、甜菜、瓜类
	7	植物油	各种食用、工业、医药用植物油
	8	植物的种籽、草、藤、树条	树、草、菜、花的种籽，牧草，谷草，稻草，芦苇，树条，树根，木柴，藤
	9	蚕、茧	蚕、蚕子、蚕蛹、蚕茧
	10	肥料、农药	化肥、粪肥、土杂肥、农药（具有危险货物性质的除外）
	11	糖	各种食用糖（包括饴糖、糖稀）
	12	肉、油脂及制品	鲜、腌、酱肉类，油脂及制品
	13	水产品	干鲜鱼类、虾、蟹、贝、海带
	14	酱菜、调料	腌菜、酱菜、酱油、醋、酱、花椒、茴香、生姜、芥末、腐乳、味精及其他调味品
	15	土产杂品	土产品、各种杂品
	16	皮毛、塑料	生皮张、生熟皮毛、鬃毛绒及其加工品、塑料及其制品

等级	序号	货类	货物名称
二等货物	17	日用百货、棉麻制品	各种日用小百货、棉麻纺织品、针织品、服装鞋帽
	18	药材	普通中药材
	19	纸、纸浆	普通纸及纸制品、各种纸浆
	20	文化体育用品	文具、教学用具、体育用品
	21	印刷品	报刊、图书及其他印刷品
	22	木材	圆木、方木、板料、成材、杂木棍
	23	橡胶、可塑材料及其制品	生橡胶、人造橡胶、再生胶及其制品、电木制品、其他可塑原料及其制品
	24	水泥及其制品	袋装水泥、水泥制品、预制水泥构件
	25	钢铁、有色金属及其制品	钢材（管、丝、线、绳、板、皮条）、生铁、毛坯、铸铁件、有色金属、材料、大小五金制品、配件、小型农机具
	26	矿物性建筑材料	普通砖、瓦、缸砖、水泥瓦、乱石、块石、级配石、条石、水磨石、白云石、蜡石、莹石及一般石制品、滑石粉、石灰膏、电石灰、矾石灰、石膏、石棉、白垩粉、陶土管、石灰石、生石灰
	27	金属矿石	各种金属石
	28	焦炭	焦炭、焦炭末、石油焦、沥青、焦木炭
	29	原煤加工品	煤球、煤砖、蜂窝煤
	30	盐	原盐及加工精盐
	31	泥、灰	泥土、淤泥、煤泥、青灰、粉煤灰
	32	废品及散碎品	废钢铁、废纸、破碎布、碎玻璃、废鞋靴、废纸袋
	33	空包装容器	篓、坛罐、桶、瓶、箱、筐、袋、包、箱皮、盒
	34	其他（见注①）	未列入表中的其他货物
三等货物	1	蜂	蜜蜂、蜡虫
	2	观赏用花、木	观赏用长青树木、花草、树苗
	3	蛋、乳	蛋、乳及其制品
	4	干菜、干果	干菜、干果、子仁及各种果脯
	5	橡胶制品	轮胎、橡胶管、橡胶布类及其制品
	6	颜料、染料	颜料、染料及助剂及其制品
	7	食用香精、树胶、木蜡	食用香精、糖精、樟脑油、芳香油、木榴油、木蜡、橡蜡（橡油、皮油）、树胶
	8	化妆品	护肤、美容、卫生、头发用品等各种化妆品
	9	木材加工品	毛板、企口板、胶合板、刨花板、装饰板、纤维板、木构件
	10	家具	竹、藤、钢、木家具

等级	序号	货类	货物名称
三等货物	11	交电器材	电影机、电唱机、收音机、家用电器（见注②）、打字机、扩音机、闪光机、收发报机、普通医疗器械、无线电广播设备、电缆电线、电灯用品、蓄电池（未装酸液）、各种电子元件、电子或电动儿童玩具
	12	毛、丝、呢绒、化纤、皮革制品	毛、丝、呢绒、化纤、皮革制品的服装鞋帽
	13	烟、酒、饮料、茶	各种卷烟，各类瓶罐装的酒、汽水、果汁、食品、罐头、炼乳、植物油精（薄荷油、桉叶油）、茶叶及其制品
	14	糖果、糕点	糖果、果酱（桶装）、水果粉、蜜饯、面包、饼干、糕点
	15	淀粉	各种淀粉及其制品
	16	冰及冰制品	天然冰、机制冰、冰淇淋、冰棍
	17	中西药品、医疗器具	西药、中药（丸、散、膏、丹、成药）及医疗器具
	18	贵重纸张	卷烟纸、玻璃纸、过滤纸、晒图纸、描图纸、绘图纸、国画纸、蜡纸、复写纸、复印纸
	19	文娱用品	乐器、唱片、幻灯片、录音带、录像带及其他演出用具及道具
	20	美术工艺品	刺绣、蜡或塑料制品、美术制品、骨角制品、漆器、草编、竹编、藤编等各种美术工艺品
	21	陶瓷、玻璃及其制品	瓷器、陶器、玻璃及其制品
	22	机器及设备	各种机器及设备
	23	车辆	组成的自行车、摩托车、轻骑、小型拖拉机
	24	污染品	炭黑、铅粉、锰粉、乌烟（墨黑、松烟）、涂料及其他污染人体的货物、角、蹄甲、牲骨、死禽、死兽
	25	粉尘品	散装水泥、石粉、耐火粉
	26	装饰石料	大理石、花岗岩、汉白玉
	27	带釉建筑用品	玻璃瓦、琉璃瓦、其他带釉建筑用品、耐火砖、耐酸砖、瓷砖瓦

注：① 未列入表中的其他货物，除参照同类货物分等外，均列入二等货物。

② 家用电器包括家用制冷电器、空气调节器、电风扇、厨房电器具、清洁卫生器具（洗衣机、吸尘器、电热淋浴器）、熨烫器具、取暖用具、保健用具、家用电器专用配件等（摘自国家标准《全国工农产品（商品、物资）分类与代码》）。

③ 二等货物运价上浮 15%，三等货物运价上浮 30%。

（二）作业或设计要求

1. 作业 1

2021 年 2 月 20 日，通达物流有限公司接到业务单位成华贸易有限公司的要求，将一批小麦从湖北宜昌市运送至江苏盐城市，小麦约 40 t，常规包装。起点：宜昌市点军区江城大道 102 号。讫点：盐城市亭湖区世纪大道 88 号。通达物流有限公司准备在经济效益优先的情况下综合考虑不同运输方式。此时，物流及运输费率见表 2.1.11 所示。

表 2.1.11　物流及运输费率表

运输方式	宜昌—武汉	武汉—南京	南京—盐城
公路	120	140	120
水路	40	—	30
铁路	70	70	60

运输费用是指运输过程中的一切费用。提货点至宜昌码头的短驳费用为 15 元/t；提货点至宜昌火车站短驳费用为 12 元/t；盐城火车站至收货点的短驳费用为 16 元/t，盐城码头站至收货点的短驳费用为 14 元/t，南京火车站至南京码头的短驳费用为 18 元/t，武汉火车站至武汉码头的短驳费用为 17 元/t。

请为通达物流有限公司选择最佳的运输方式。

解：

（1）计算出所有符合条件的运输线路（见表 2.1.12），并按升序进行排序。

表 2.1.12　所有符合条件的运输线路

序号	运输方式			总运费/元
	宜昌—武汉	武汉—南京	南京—盐城	
1	水路	铁路	水路	8 160
2	铁路	铁路	水路	8 560
3	水路	铁路	铁路	8 720
4	铁路	铁路	铁路	9 120
5	水路	公路	水路	9 560
6	公路	铁路	水路	10 080
7	水路	铁路	公路	10 480
8	公路	铁路	铁路	10 640
9	铁路	公路	水路	10 640
10	水路	公路	铁路	10 840
11	铁路	铁路	公路	10 880
12	铁路	公路	铁路	11 920
13	公路	公路	水路	12 160
14	公路	铁路	公路	12 400
15	水路	公路	公路	12 600
16	公路	公路	铁路	13 440
17	铁路	公路	公路	13 680
18	公路	公路	公路	15 200

（2）根据题目信息，初步定性分析运输方式选择，找出最不合适的运输方式（见表2.1.13）。

表 2.1.13　最不合适的运输方式

序号	运输方式	阐述理由
1	公路运输	在长途运输中，公路运输费用最高，所以最不合适

（3）根据题目信息，具体定量分析运输方式选择（见表 2.1.14）。

表 2.1.14　定量分析运输方式选择

序号	运输方式			费用/元
1	水路	铁路	水路	起点短驳＋中途运输＋终点短驳＋中间短驳＝[15＋（40＋70＋30）＋14＋（17＋18）]×40＝8 160
2	铁路	铁路	水路	起点短驳＋中途运输＋终点短驳＋中间短驳＝[12＋（70＋70＋30）＋14＋18]×40＝8 560
3	水路	铁路	铁路	起点短驳＋中途运输＋终点短驳＋中间短驳＝[15＋（40＋70＋60）＋16＋17]×40＝8 720
4	铁路	铁路	铁路	起点短驳＋中途运输＋终点短驳＋中间短驳＝[12＋（70＋70＋60）＋16]×40＝9 120

综合判断，采用的运输方式为：水路—铁路—水路。

2. 作业 2

2021 年 3 月 10 日 16:00，通达物流 F 市物流货运中心接到长乐实业有限公司总公司通知，需要将近期存放在货运中心的 450 袋奥妙无磷全效洗衣粉以铁路方式运到安庆分公司。2021 年 3 月 11 日 17:00，长乐实业有限公司总公司再次联系通达物流，希望该批物品最晚在 3 月 14 日 18:00 前送达。市内驳运不考虑，运价里程参考公路里程。

思考：通达物流能否同意 3 月 14 日 18:00 前运达的要求？该批物资若以铁路方式运输，按现有的铁路运输需要时间为几天？若长乐实业有限公司总公司建议更换为公路运输方式，通达物流能否同意 3 月 14 日 18:00 前运达的要求？

解：

（1）奥妙无磷全效洗衣粉为 4 kg/袋，

计费质量＝4×450＝1 800 kg＝1.8 t<3 t

属于零担运输，

计费里程＝480 km

T 总＝T 始＋T 运行＋T 特＋T 终

根据铁路运输期限计算公式：铁路货物运到期限 = 货物发送时间（1 天）+ 货物运输时间（480/250≈2 天）+ 特殊作业时间（2 天）= 5 天。

因此，按现有的铁路运输需要时间为 5 天，所以通达物流不能同意 3 月 14 日 18:00 前运达的要求。

（2）根据相关法律法规，公路货运速度应在 60 ~ 80 km/h。再根据题目所给出的通达物流有限公司 F 市物流货运中心运力情况及通达物流有限公司 F 市物流货运中心跨省班线情况，得出到目的地的距离为 660 km，此时按照最低速度 60 km/h 来进行计算，660/60 = 11（h），而题目要求的运输时间为 4 天。若长乐实业有限公司总公司建议更换为公路运输方式，通达物流能同意 3 月 14 日 18:00 前运达的要求。

3. 作业 3

2021 年 3 月 30 日，通达物流 F 市物流货运中心接到长乐实业有限公司通知，需要将 1 715 瓶雕牌全渍净除菌除螨洗衣液从 F 市运往武汉，基准运输费率为 0.39 元/t · km，双方确定按照运价 40%收取返程空驶调车费。通达物流拟安排车牌为 F23186 运输车辆完成运输任务。根据《公路普通货物运价分等表》，洗衣液属于三等货物。

请根据材料完成运输类型选择以及相关数据核算。

解：

（1）货物质量 = 1 715 × 1.5 × 0.001 = 2.572 5 t

因为 2.572 5 t<3 t，所以该项运输属于零担运输类型。（整车运输或者零担运输）

（2）根据题目信息，计算结果如表 2.1.15。

表 2.1.15　费用计算　　单位：元

F 市—武汉运输费用	返程空驶调车费（40%）	三等货物上浮费（30%）	总费用
1 003.275	401.31	421.375 5	1 825.960 5

采用该运输类型运输计费质量为 2 573 kg，涉及费用为 1 826 元。（计算结果取整）

4. 作业 4

2021 年 4 月 2 日，通达物流有限公司在 G 市、D 市、E 市、J 市、H 市、C 市货运中心可调运的雕牌全渍除菌洗衣液分别为 30 箱、70 箱、70 箱、20 箱、50 箱和 70 箱。通达物流有限公司在 A 市、I 市、B 市、F 市、K 市、W 市、L 市七个城市货运中心 4 月 2 日需要雕牌全渍除菌洗衣液分别为 30 箱、30 箱、40 箱、50 箱、80 箱、40 箱和 40 箱，用于后期的城市内配送使用。雕牌全渍除菌洗衣液包装为每箱 2 件。

请根据上述运输订单需求，在认真审核的基础上运用图上作业法完成运输组织的优化。画出运输流向线路图，完善相应数据。

解：

（1）图上作业法概念：图上作业法指在运输图上求解线性规划运输模型的方法，也是中国物资流通部门从实际工作中创造出来的一种物资运输规划方法。它在一张运输交通图上通过一定步骤的规划和计算来完成物资调运计划的编制工作，以便使物资运行的总吨×公里数最小，可使物资运费降低，并缩短运输时间，所以，在一定条件下称这样的方案为最优方案。

（2）图上作业法步骤。

① 首先要编制物资平衡表。

在编制物资平衡表时需要做 3 件事：一是得出需要调出物资的地点（即发点）及发量。二是得出需要调进物资的地点（即收点）及收量。三是使得总发量 = 总收量。

② 根据物资平衡表和收点、发点间的相互位置绘制交通图（见图 2.1.5）。所谓交通图就是表明收点和发点间的相互位置以及联结这些点之间的交通线路的简要地图。在交通图上，用圆圈“○”表示发点，将该发点的发量填入圆圈“○”内；用方框“□”表示收点，将该收点的收量填入方框“□”内；两点间的距离，记在交通线路的旁边。

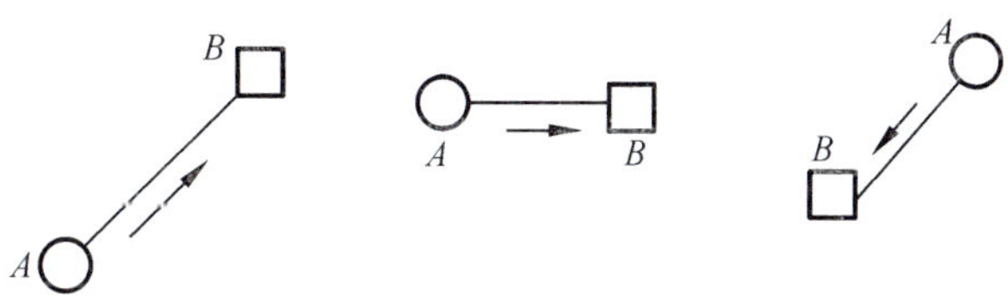

（a）　　（b）　　（c）

图 2.1.5　物资流向图

③ 交通图绘制好后，即可在其上面进行物资调运，找出初始调运方案（初始基可行解），作物资调运流向图。用箭头“→”表示物资调运的方向，即流向，并规定流向“→”必须画在沿着线路前进的右侧。把运送物资的数量记在流向“→”的旁边并加括号“（　）”，以区别于两点之间的距离数。另一方面，为了保持图面的整洁，流向量最好不要通过收点、发点以及交叉路口，如图 2.1.5 中，（a）、（b）是正确的。

（3）图上作业法原则：① 流向画右方，对流不应当；② 顺时针方向的流向必须画在圈的内侧，称为内圈流向，逆时针方向的流向必须画在圈的外侧，称为外圈流向；③ 里圈、外圈分别算，要求不能过半圈长；④ 如果超过半圈长，应去运量最小段；⑤ 反复运算可得最优方案。

（4）根据图上作业法可得优化运输路线，如表 2.1.16 所示。

表 2.1.16　优化运输路线

上圈/km		下圈/km		总运输量/（t·km）
全圈长	890	全圈长	970	217.6
半圈长（顺）	400<445	半圈长（顺）	430<485	
半圈长（逆）	300<445	半圈长（逆）	300<485	

（5）绘制运输流向线路图（见图 2.1.6）。

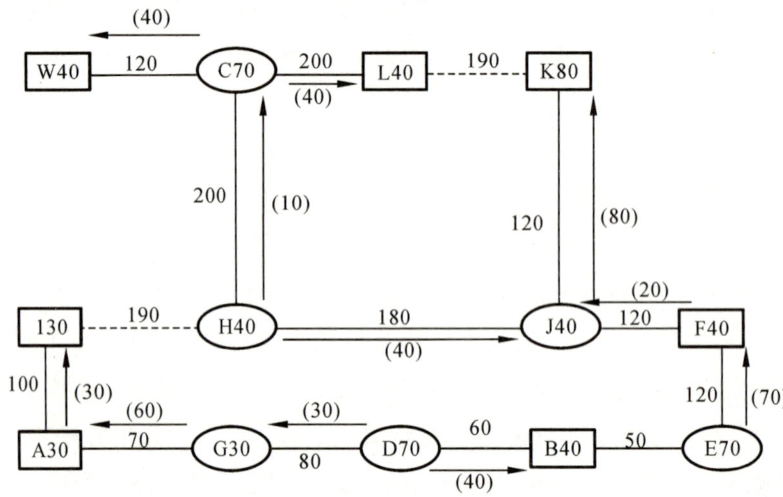

图 2.1.6　流向线路图

5. 作业 5

2021 年 4 月 16 日，通达物流 F 市物流货运中心接到长乐实业有限公司总公司通知，需要将存放在货运中心的 3 150 瓶 1.5 kg 装雕牌全渍净除菌除螨洗衣液以公路运输方式运往成都分公司，基准运输费率为 0.4 元/t · km。对于吨次费参照规定“运距 25 km 以上为长途；运距 25 km 及以下为短途。25 km 以内吨次费为 3 元/t；运距 25 km 以上，吨次费每 15 km 递减 0.2 元，且递减到 235 km 为止；运距超过 235 km 的，不计收吨次费。”双方确定按照运价 50%收取单程空驶调车费，保价费率为 0.3%。通达物流拟安排车牌为 F23184 车辆完成运输任务。

请根据信息完成运输类型选择以及相关表格填制。

解：

（1）货物质量 = 3 150 × 1.5 × 0.001 = 4.725 t

因为 4.725 t>3 t，所以该项运输属于整车运输类型。（整车运输或者零担运输）

（2）根据题目信息，计算结果如表 2.1.17。

表 2.1.17　运费计算　　单位：元

F 市—成都运输费用	返程空驶调车费（50%）	三等货物上浮费（30%）	吨次费	保价费（0.3%）	总费用
3 591	1 795.5	1 615.95	127.575	189	7 319.025

采用该运输类型运输计费质量为 4 725 kg，涉及费用为 7 319 元。（计算结果取整）

6. 作业 6

根据材料中提供的 5 月份数据，完成调运质量（t）和周转量（t · km）相关数据表格。

解：通过对 5 月份数据统计分析，可得表 2.1.18。

表 2.1.18 统计分析

序号	分公司名称	调运质量/t	运输距离/km	周转量/（t·km）
1	长乐实业有限公司安庆分公司	28.885	660	19 064.1
2	长乐实业有限公司成都分公司	9.64	1 900	18 316
3	长乐实业有限公司杭州分公司	60.828	250	15 207
4	长乐实业有限公司上海分公司	31.62	130	4 110.6
5	长乐实业有限公司武汉分公司	38.777	770	29 858.29
6	长乐实业有限公司重庆分公司	9.942	1 630	16 205.46

7. 作业 7

分别用折线图直观表示出通达物流有限公司 5 月份为长乐实业有限公司各分公司运输货物质量（t），横轴显示各分公司名称，纵坐标显示数值，主标题"通达物流为长乐各分公司 5 月份调运质量（t）"，折线图中拐点处显示数值。用雷达图显示周转量（t·km），主标题"调运周转量(t·km)"，在右侧显示通达物流为长乐各分公司 5 月份调运周转量(t·km)，拐点处显示数值。

解：

（1）运输货物质量图（见图 2.1.7）。

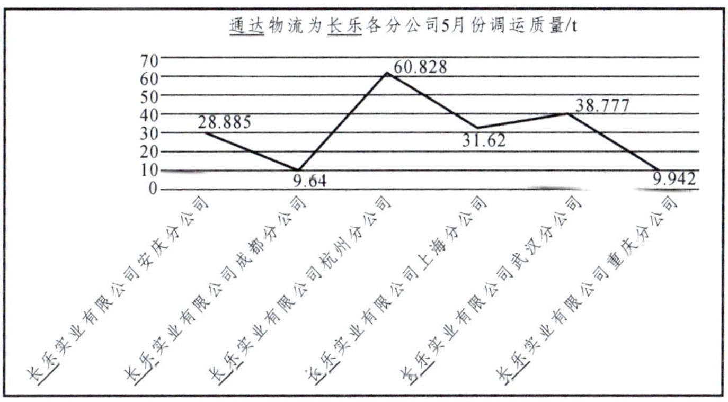

图 2.1.7 运输货物质量图

（2）调运周转量图（见图 2.1.8）。

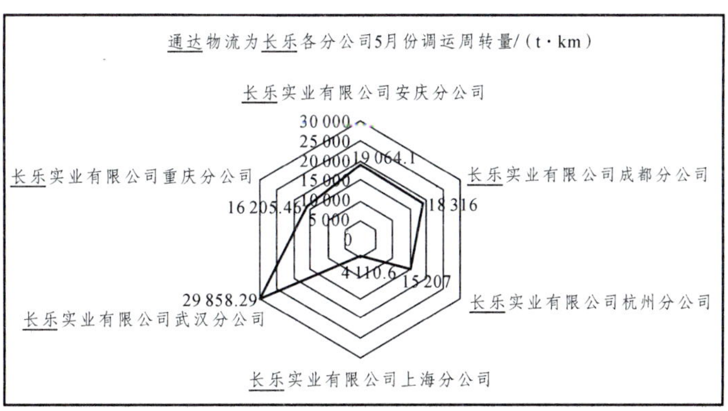

图 2.1.8 调运周转量图

8. 作业 8

在节约运力的情况下，根据数据梳理出通达物流有限公司 F 市物流货运中心 2021 年 5 月下旬车辆调用情况。

解：

（1）完成通达物流有限公司 F 市物流货运中心 5 月下半月车辆调用统计表（按日期先后顺序统计），如表 2.1.19 所示。

表 2.1.19 车辆调用统计表

日期	车牌	司机	载重/t	运作路线
2021.05.17	F23185	陈东东	8	F 市—杭州—安庆
2021.05.19	F23182	冯新波	8	F 市—杭州
2021.05.21	F23187	周迅	10	F 市—重庆—成都
2021.05.22	F23181	王成	8	F 市—上海
2021.05.24	F23182	冯新波	8	F 市—杭州
2021.05.25	F23185	陈东东	8	F 市—杭州—安庆
2021.05.26	F23186	王北方	10	F 市—杭州—武汉
2021.05.28	F23185	陈东东	8	F 市—杭州—安庆
2021.05.30	F23185	陈东东	8	F 市—杭州—安庆
2021.05.30	F23183	刘山	10	F 市—武汉

（2）汇总 5 月下半月各车辆调用次数（见表 2.1.20）。

表 2.1.20 各车辆调用次数

序号	车牌	调用次数
1	F23181	1
2	F23182	2
3	F23183	1
4	F23185	4
5	F23186	1
6	F23187	1

六、实训任务

（一）任务内容

1. 案例背景

M 公司是一家集物流、运输、仓储、配送、进出口代理等于一体的综合性质第三方物流公司。公司立足X省，开展国内外业务，为客户提供安全、快捷、经济的站到站、门到门以及货运代理等多样的货物运输服务。M公司在X省内13个市设有物流货运中心，负责货物储存、分拨、调运，以及各货运中心周边地区的普通货物的取送、装箱、发运等业务。

2. 客户收货人基础信息（见表2.1.21）

表2.1.21 客户收货人基础信息

客户名称	收货人姓名	收货单位	收货人地址	收货人电话
欧惠实业有限公司	李强	欧惠实业有限公司上海分公司	上海××路1号	180××××3428
欧惠实业有限公司	王明月	欧惠实业有限公司杭州分公司	杭州市上城区××路2号	137××××9310
欧惠实业有限公司	佟维维	欧惠实业有限公司安庆分公司	安庆市宜秀区××路3号	137××××9310
欧惠实业有限公司	高文	欧惠实业有限公司武汉分公司	武汉市××大道4号	135××××2304
欧惠实业有限公司	李定东	欧惠实业有限公司重庆分公司	重庆市渝北区××大道5号	138××××2034
欧惠实业有限公司	朱宝玉	欧惠实业有限公司成都分公司	成都市××大道6号	156××××3416
欧惠实业有限公司	王天	欧惠实业有限公司总公司	F市学天南路10号	151××××9865
欧惠实业有限公司	王林	欧惠实业有限公司F市姚港路店	F市姚港路店8号	151××××9865
欧惠实业有限公司	李进	欧惠实业有限公司F市虹桥路店	F市虹桥路店17号	151××××9977
欧惠实业有限公司	张文乐	欧惠实业有限公司F市人民路店	F市人民路232号	151××××3982
欧惠实业有限公司	刘海洋	欧惠实业有限公司F市工农路店	F市工农路20号	151××××3729
欧惠实业有限公司	赵文兵	欧惠实业有限公司F市文峰路店	F市文峰路1号	151××××9922

3. M公司在F市物流货运中心至欧惠实业有限公司各分店情况

M公司F市物流货运中心与欧惠实业有限公司各分店位置关系如图2.1.9所示，距离单位为km。

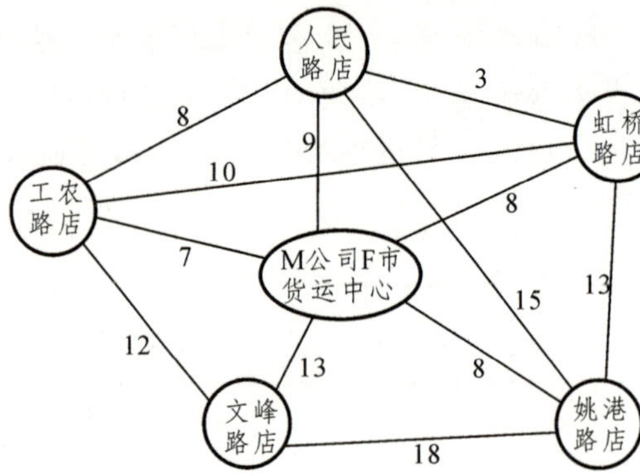

图 2.1.9　货运中心与各分店位置关系

4. M 公司在 F 市的物流货运中心跨省班线情况

M 公司 F 市物流货运中心有 6 条发往外省的零担线路，提供定时发车、定时到达、定时配送服务，这 6 条班线的目的站分别为上海、杭州、安庆、武汉、重庆、成都，相互距离如图 2.1.10 所示。

F市						
130	上海					
250	170	杭州				
480	480	410	安庆			
770	820	750	340	武汉		
1 630	1 700	1 600	1 210	870	重庆	
1 900	1 960	1 880	1 480	1 160	300	成都

图 2.1.10　跨省各城市之间距离（km）

5. M 公司在 X 省内各货运中心点的距离（见图 2.1.11）

A市												
180	B市											
330	490	C市										
120	60	430	D市									
210	50	510	90	E市								
240	110	480	120	120	F市							
70	140	350	80	170	170	G市						
190	290	200	250	320	290	200	H市					
100	170	330	110	200	170	40	190	I市				
150	130	380	90	160	120	80	180	70	J市			
260	220	310	200	250	190	200	120	160	120	K市		
320	420	200	370	450	360	310	130	280	310	190	L市	
250	400	120	340	430	390	260	110	240	280	340	140	W市

图 2.1.11　X 省内各城市间货运配送点的距离（km）

6. M公司在X省内各城市间现有运输线路（见图2.1.12）

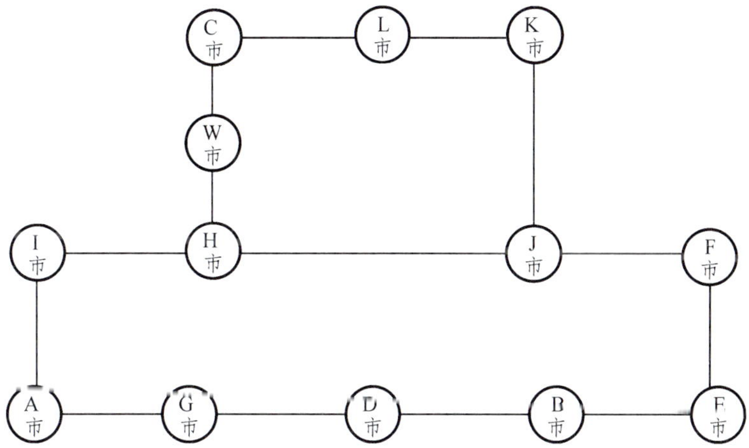

图2.1.12 X省内各城市间现有运输线路

7. M公司F市物流货运中心运力情况（见表2.1.22）

表2.1.22 M公司F市物流货运中心运力情况

车牌	司机	载重/t	发车时间	车辆类型	运作路线	单次运行上限距离/km
海F23173	赵新新	2	无	厢式货车	无	40
海F23174	李磊	2	无	厢式货车	无	40
海F23175	周浩文	4	无	厢式货车	无	40
海F23176	吴天天	4	无	厢式货车	无	40
海F23177	赵伟	8	8:00	厢式货车	F市—E市	无限制
海F23178	姚鑫	8	8:00	厢式货车	F市—J市	无限制
海F23181	王成	8	9:00	厢式货车	F市—上海	无限制
海F23182	冯新波	8	9:00	厢式货车	F市—杭州	无限制
海F23183	刘山	10	9:00	厢式货车	F市—武汉	无限制
海F23184	曹萌	10	9:00	厢式货车	F市—成都	无限制
海F23185	陈东东	8	9:00	厢式货车	F市—杭州—安庆	无限制
海F23186	王北方	10	9:00	厢式货车	F市—杭州—武汉	无限制
海F23187	周迅	10	9:00	厢式货车	F市—重庆—成都	无限制

8. M公司F市物流货运中心2021年12月为欧惠实业有限公司运输货物情况

F市物流货运中心12月份货物运输情况包括以下三部分：

（1）已完成统计的运输数据，具体见表2.1.23所示。

表 2.1.23　F 市物流货运中心 12 月货物运输统计表（部分）

调运时间	收货单位	货物名称	单重/kg	单价/元	数量	单位	总质量/kg	货物价值/元
2021-12-02	欧惠实业有限公司杭州分公司	碧浪无磷洗衣粉 1.8 kg 袋装	1.8	25	600	袋	1 080	15 000
2021-12-02	欧惠实业有限公司杭州分公司	雕牌阳光馨香洗衣液 2 kg	2	29	510	瓶	1 020	14 790
2021-12-02	欧惠实业有限公司杭州分公司	奥妙无磷全效洗衣粉 4 kg 袋装	4	49	300	袋	1 200	14 700
2021-12-02	欧惠实业有限公司杭州分公司	碧浪洗衣液 3 kg 袋装	3	39	390	袋	1 170	15 210
2021-12-02	欧惠实业有限公司杭州分公司	汰渍洗衣粉 3 kg 袋装	3	35	200	袋	600	7 000
2021-12-02	欧惠实业有限公司杭州分公司	汰渍洁雅百合洗衣液 3 kg 袋装	3	35	270	袋	810	9 450
2021-12-02	欧惠实业有限公司杭州分公司	碧浪无磷洗衣粉 2.8 kg 袋装	2.8	34	100	袋	280	3 400
2021-12-02	欧惠实业有限公司杭州分公司	雕牌无磷洗衣粉 5 kg 装	5	40	350	袋	1 750	14 000
2021-12-02	欧惠实业有限公司上海分公司	汰渍洗衣粉 3 kg 袋装	3	35	400	袋	1 200	14 000
2021-12-02	欧惠实业有限公司上海分公司	汰渍洁雅百合洗衣液 3 kg 袋装	3	35	300	袋	900	10 500
2021-12-02	欧惠实业有限公司上海分公司	汰渍洗衣粉 3 kg 袋装	3	35	480	袋	1 440	16 800
2021-12-02	欧惠实业有限公司上海分公司	碧浪洗衣液 2 kg 瓶装	2	30	200	瓶	400	6 000
2021-12-02	欧惠实业有限公司上海分公司	碧浪洗衣液 3 kg 袋装	3	39	330	袋	990	12 870
2021-12-02	欧惠实业有限公司上海分公司	雕牌全渍除菌洗衣液 2 kg 装	2	25	500	瓶	1 000	12 500
2021-12-02	欧惠实业有限公司上海分公司	雕牌全渍净除菌除螨洗衣液 1.5 kg	1.5	20	560	瓶	840	11 200
2021-12-02	欧惠实业有限公司上海分公司	雕牌无磷洗衣粉 5 kg 装	5	40	200	袋	1 000	8 000
2021-12-02	欧惠实业有限公司重庆分公司	奥妙无磷全效洗衣粉 4 kg 袋装	4	49	400	袋	1 600	19 600

续表

调运时间	收货单位	货物名称	单重/kg	单价/元	数量	单位	总质量/kg	货物价值/元
2021-12-02	欧惠实业有限公司重庆分公司	奥妙洗衣粉 4 kg 袋装	4	20	250	袋	1 000	5 000
2021-12-02	欧惠实业有限公司重庆分公司	碧浪无磷洗衣粉 1.8 kg 袋装	1.8	25	540	袋	972	13 500
2021-12-02	欧惠实业有限公司重庆分公司	碧浪洗衣液 2 kg 瓶装	2	30	300	瓶	600	9 000
2021-12-02	欧惠实业有限公司重庆分公司	碧浪洗衣液 3 kg 袋装	3	39	350	袋	1 050	13 650
2021-12-02	欧惠实业有限公司成都分公司	雕牌无磷洗衣粉 5 kg 装	5	40	300	袋	1 500	12 000
2021-12-02	欧惠实业有限公司成都分公司	雕牌阳光馨香洗衣液 2 kg	2	29	600	瓶	1 200	17 400
2021-12-02	欧惠实业有限公司成都分公司	汰渍洁净薰香洗衣液 3 kg 袋装	3	42	300	袋	900	12 600
2021-12-02	欧惠实业有限公司成都分公司	汰渍洗衣粉 1.55 kg 袋装	1.55	19	500	袋	775	9 500
2021-12-05	欧惠实业有限公司上海分公司	奥妙无磷全效洗衣粉 4 kg 袋装	4	49	400	袋	1 600	19 600
2021-12-05	欧惠实业有限公司上海分公司	碧浪无磷洗衣粉 1.8 kg 袋装	1.8	25	600	袋	1 080	15 000
2021-12-05	欧惠实业有限公司上海分公司	碧浪无磷洗衣粉 3.8 kg 袋装	3.8	40	400	袋	1 520	16 000
2021-12-05	欧惠实业有限公司上海分公司	碧浪无磷洗衣粉 2.8 kg 袋装	2.8	34	200	袋	560	6 800
2 021-12-05	欧惠实业有限公司上海分公司	奥妙洗衣粉 4 kg 袋装	4	20	500	袋	2 000	10 000
2021-12-05	欧惠实业有限公司上海分公司	雕牌全渍除菌洗衣液 2 kg 装	2	25	600	瓶	1 200	15 000
2021-12-05	欧惠实业有限公司杭州分公司	雕牌全渍除菌洗衣液 2 kg 装	2	25	480	瓶	960	12 000
2021-12-05	欧惠实业有限公司杭州分公司	雕牌阳光馨香洗衣液 2 kg	2	29	510	瓶	1 020	14 790
2021-12-05	欧惠实业有限公司杭州分公司	汰渍洗衣粉 3 kg 袋装	3	35	240	袋	720	8 400

续表

调运时间	收货单位	货物名称	单重/kg	单价/元	数量	单位	总质量/kg	货物价值/元
2021-12-05	欧惠实业有限公司武汉分公司	碧浪洗衣液 3 kg 袋装	3	39	380	袋	1 140	14 820
2021-12-05	欧惠实业有限公司武汉分公司	奥妙无磷全效洗衣粉 4 kg 袋装	4	49	500	袋	2 000	24 500
2021-12-05	欧惠实业有限公司武汉分公司	奥妙洗衣粉 4 kg 袋装	4	20	640	袋	2 560	12 800
2021-12-05	欧惠实业有限公司武汉分公司	碧浪无磷洗衣粉 3.8 kg 袋装	3.8	40	400	袋	1 520	16 000
2021-12-08	欧惠实业有限公司杭州分公司	奥妙无磷全效洗衣粉 4 kg 袋装	4	49	300	袋	1 200	14 700
2021-12-08	欧惠实业有限公司杭州分公司	奥妙洗衣粉 4 kg 袋装	4	20	210	袋	840	4 200
2021-12-08	欧惠实业有限公司杭州分公司	碧浪无磷洗衣粉 1.8 kg 袋装	1.8	25	340	袋	612	8 500
2021-12-08	欧惠实业有限公司杭州分公司	碧浪无磷洗衣粉 3.8 kg 袋装	3.8	40	190	袋	722	7 600
2021-12-08	欧惠实业有限公司安庆分公司	碧浪洗衣液 2 kg 瓶装	2	30	330	瓶	660	9 900
2021-12-08	欧惠实业有限公司安庆分公司	碧浪洗衣液 3 kg 袋装	3	39	330	袋	990	12 870
2021-12-08	欧惠实业有限公司安庆分公司	雕牌全渍除菌洗衣液 2 kg 装	2	25	170	瓶	340	4 250
2021-12-08	欧惠实业有限公司安庆分公司	雕牌全渍净除菌除螨洗衣液 1.5 kg	1.5	20	560	瓶	840	11 200
2021-12-08	欧惠实业有限公司安庆分公司	汰渍洁净薰香洗衣液 3 kg 袋装	3	42	240	袋	720	10 080
2021-12-08	欧惠实业有限公司安庆分公司	汰渍洗衣粉 1.55 kg 袋装	1.55	19	200	袋	310	3 800
2021-12-08	欧惠实业有限公司安庆分公司	汰渍洗衣粉 3 kg 袋装	3	35	220	袋	660	7 700
2021-12-10	欧惠实业有限公司杭州分公司	雕牌全渍除菌洗衣液 2 kg 装	2	25	480	瓶	960	12 000
2021-12-10	欧惠实业有限公司杭州分公司	雕牌阳光馨香洗衣液 2 kg	2	29	510	瓶	1 020	14 790

续表

调运时间	收货单位	货物名称	单重/kg	单价/元	数量	单位	总质量/kg	货物价值/元
2021-12-10	欧惠实业有限公司杭州分公司	汰渍洗衣粉 3 kg 袋装	3	35	240	袋	720	8 400
2021-12-10	欧惠实业有限公司武汉分公司	碧浪洗衣液 3 kg 袋装	3	39	380	袋	1 140	14 820
2021-12-10	欧惠实业有限公司武汉分公司	奥妙无磷全效洗衣粉 4 kg 袋装	4	49	500	袋	2 000	24 500
2021-12-10	欧惠实业有限公司武汉分公司	奥妙洗衣粉 4 kg 袋装	4	20	640	袋	2 560	12 800
2021-12-10	欧惠实业有限公司武汉分公司	碧浪无磷洗衣粉 3.8 kg 袋装	3.8	40	400	袋	1 520	16 000
2021-12-11	欧惠实业有限公司杭州分公司	奥妙无磷全效洗衣粉 4 kg 袋装	4	49	300	袋	1 200	14 700
2021-12-11	欧惠实业有限公司杭州分公司	奥妙洗衣粉 4 kg 袋装	4	20	210	袋	840	4 200
2021-12-11	欧惠实业有限公司杭州分公司	碧浪无磷洗衣粉 1.8 kg 袋装	1.8	25	340	袋	612	8 500
2021-12-11	欧惠实业有限公司杭州分公司	碧浪无磷洗衣粉 3.8 kg 袋装	3.8	40	190	袋	722	7 600
2021-12-11	欧惠实业有限公司安庆分公司	碧浪洗衣液 2 kg 瓶装	2	30	330	瓶	660	9 900
2021-12-11	欧惠实业有限公司安庆分公司	碧浪洗衣液 3 kg 袋装	3	39	330	袋	990	12 870
2021-12-11	欧惠实业有限公司安庆分公司	雕牌全渍除菌洗衣液 2 kg 装	2	25	170	瓶	340	4 250
2021-12-11	欧惠实业有限公司安庆分公司	雕牌全渍净除菌除螨洗衣液 1.5 kg	1.5	20	560	瓶	840	11 200
2021-12-11	欧惠实业有限公司安庆分公司	汰渍洁净薰香洗衣液 3 kg 袋装	3	42	240	袋	720	10 080
2021-12-11	欧惠实业有限公司安庆分公司	汰渍洗衣粉 1.55 kg 袋装	1.55	19	200	袋	310	3 800
2021-12-11	欧惠实业有限公司安庆分公司	汰渍洗衣粉 3 kg 袋装	3	35	220	袋	660	7 700
2021-12-13	欧惠实业有限公司杭州分公司	雕牌全渍除菌洗衣液 2 kg 装	2	25	490	瓶	980	12 250

续表

调运时间	收货单位	货物名称	单重/kg	单价/元	数量	单位	总质量/kg	货物价值/元
2021-12-13	欧惠实业有限公司杭州分公司	雕牌阳光馨香洗衣液2 kg	2	29	400	瓶	800	11 600
2021-12-13	欧惠实业有限公司杭州分公司	汰渍洗衣粉3 kg袋装	3	35	260	袋	780	9 100
2021-12-13	欧惠实业有限公司武汉分公司	碧浪洗衣液3 kg袋装	3	39	480	袋	1 440	18 720
2021-12-13	欧惠实业有限公司武汉分公司	奥妙无磷全效洗衣粉4 kg袋装	4	49	500	袋	2 000	24 500
2021-12-13	欧惠实业有限公司武汉分公司	奥妙洗衣粉4 kg袋装	4	20	540	袋	2 160	10 800
2021-12-13	欧惠实业有限公司武汉分公司	碧浪无磷洗衣粉3.8 kg袋装	3.8	40	480	袋	1 824	19 200
2021-12-15	欧惠实业有限公司杭州分公司	奥妙无磷全效洗衣粉4 kg袋装	4	49	690	袋	2 760	33 810
2021-12-15	欧惠实业有限公司杭州分公司	碧浪无磷洗衣粉1.8 kg袋装	1.8	25	800	袋	1 440	20 000
2021-12-15	欧惠实业有限公司杭州分公司	碧浪无磷洗衣粉3.8 kg袋装	3.8	40	780	袋	2 964	31 200
2021-12-15	欧惠实业有限公司杭州分公司	碧浪洗衣液2 kg瓶装	2	30	410	瓶	820	12 300
2021-12-15	欧惠实业有限公司上海分公司	汰渍洁雅百合洗衣液3 kg袋装	3	35	540	袋	1 620	18 900
2021-12-15	欧惠实业有限公司上海分公司	汰渍洗衣粉3 kg袋装	3	35	440	袋	1 320	15 400
2021-12-15	欧惠实业有限公司上海分公司	碧浪洗衣液2 kg瓶装	2	30	400	瓶	800	12 000
2021-12-15	欧惠实业有限公司上海分公司	碧浪洗衣液3 kg袋装	3	39	850	袋	2 550	33 150
2021-12-15	欧惠实业有限公司上海分公司	雕牌全渍除菌洗衣液2 kg装	2	25	500	瓶	1 000	12 500
2021-12-15	欧惠实业有限公司上海分公司	雕牌全渍净除菌除螨洗衣液1.5 kg	1.5	20	440	瓶	660	8 800
2021-12-17	欧惠实业有限公司杭州分公司	奥妙无磷全效洗衣粉4 kg袋装	4	49	300	袋	1 200	14 700

续表

调运时间	收货单位	货物名称	单重/kg	单价/元	数量	单位	总质量/kg	货物价值/元
2021-12-17	欧惠实业有限公司杭州分公司	奥妙洗衣粉 4 kg 袋装	4	20	210	袋	840	4 200
2021-12-17	欧惠实业有限公司杭州分公司	碧浪无磷洗衣粉 1.8 kg 袋装	1.8	25	340	袋	612	8 500
2021-12-17	欧惠实业有限公司杭州分公司	碧浪无磷洗衣粉 3.8 kg 袋装	3.8	40	190	袋	722	7 600
2021-12-17	欧惠实业有限公司安庆分公司	碧浪洗衣液 2 kg 瓶装	2	30	330	瓶	660	9 900
2021-12-17	欧惠实业有限公司安庆分公司	碧浪洗衣液 3 kg 袋装	3	39	330	袋	990	12 870
2021-12-17	欧惠实业有限公司安庆分公司	雕牌全渍除菌洗衣液 2 kg 装	2	25	170	瓶	340	4 250
2021-12-17	欧惠实业有限公司安庆分公司	雕牌全渍净除菌除螨洗衣液 1.5 kg	1.5	20	560	瓶	840	11 200
2021-12-17	欧惠实业有限公司安庆分公司	汰渍洁净薰香洗衣液 3 kg 袋装	3	42	240	袋	720	10 080
2021-12-17	欧惠实业有限公司安庆分公司	汰渍洗衣粉 1.55 kg 袋装	1.55	19	200	袋	310	3 800
2021-12-17	欧惠实业有限公司安庆分公司	汰渍洗衣粉 3 kg 袋装	3	35	220	袋	660	7 700
2021-12-19	欧惠实业有限公司杭州分公司	碧浪无磷洗衣粉 1.8 kg 袋装	1.8	25	240	袋	432	6 000
2021-12-19	欧惠实业有限公司杭州分公司	雕牌阳光馨香洗衣液 2 kg	2	29	440	瓶	880	12 760
2021-12-19	欧惠实业有限公司杭州分公司	奥妙无磷全效洗衣粉 4 kg 袋装	4	49	420	袋	1 680	20 580
2021-12-19	欧惠实业有限公司杭州分公司	碧浪洗衣液 3 kg 袋装	3	39	390	袋	1 170	15 210
2021-12-19	欧惠实业有限公司杭州分公司	汰渍洗衣粉 3 kg 袋装	3	35	120	袋	360	4 200
2021-12-19	欧惠实业有限公司杭州分公司	汰渍洁雅百合洗衣液 3 kg 袋装	3	35	220	袋	660	7 700
2021-12-19	欧惠实业有限公司杭州分公司	碧浪无磷洗衣粉 2.8 kg 袋装	2.8	34	120	袋	336	4 080

续表

调运时间	收货单位	货物名称	单重/kg	单价/元	数量	单位	总质量/kg	货物价值/元
2021-12-19	欧惠实业有限公司杭州分公司	雕牌无磷洗衣粉 5 kg 装	5	40	470	袋	2 350	18 800
2021-12-21	欧惠实业有限公司重庆分公司	奥妙无磷全效洗衣粉 4 kg 袋装	4	49	500	袋	2 000	24 500
2021-12-21	欧惠实业有限公司重庆分公司	奥妙洗衣粉 4 kg 袋装	4	20	340	袋	1 360	6 800
2021-12-21	欧惠实业有限公司重庆分公司	碧浪无磷洗衣粉 3.8 kg 袋装	3.8	40	200	袋	760	8 000
2021-12-21	欧惠实业有限公司重庆分公司	碧浪洗衣液 2 kg 瓶装	2	30	300	瓶	600	9 000
2021-12-21	欧惠实业有限公司成都分公司	碧浪洗衣液 3 kg 袋装	3	39	430	袋	1 290	16 770
2021-12-21	欧惠实业有限公司成都分公司	雕牌全渍除菌洗衣液 2 kg 装	2	25	400	瓶	800	10 000
2021-12-21	欧惠实业有限公司成都分公司	雕牌阳光馨香洗衣液 2 kg	2	29	110	瓶	220	3 190
2021-12-21	欧惠实业有限公司成都分公司	汰渍洁净薰香洗衣液 3 kg 袋装	3	42	560	袋	1 680	23 520
2021-12-21	欧惠实业有限公司成都分公司	汰渍洗衣粉 1.55 kg 袋装	1.55	19	300	袋	465	5 700
2021-12-21	欧惠实业有限公司成都分公司	汰渍洗衣粉 3 kg 袋装	3	35	270	袋	810	9 450
2021-12-22	欧惠实业有限公司上海分公司	汰渍洗衣粉 3 kg 袋装	3	35	330	袋	990	11 550
2021-12-22	欧惠实业有限公司上海分公司	汰渍洁雅百合洗衣液 3 kg 袋装	3	35	310	袋	930	10 850
2021-12-22	欧惠实业有限公司上海分公司	汰渍洗衣粉 3 kg 袋装	3	35	200	袋	600	7 000
2021-12-22	欧惠实业有限公司上海分公司	碧浪洗衣液 2 kg 瓶装	2	30	440	瓶	880	13 200
2021-12-22	欧惠实业有限公司上海分公司	碧浪洗衣液 3 kg 袋装	3	39	410	袋	1 230	15 990
2021-12-22	欧惠实业有限公司上海分公司	雕牌全渍除菌洗衣液 2 kg 装	2	25	380	瓶	760	9 500

续表

调运时间	收货单位	货物名称	单重/kg	单价/元	数量	单位	总质量/kg	货物价值/元
2021-12-22	欧惠实业有限公司上海分公司	雕牌全渍净除菌除螨洗衣液 1.5 kg	1.5	20	600	瓶	900	12 000
2021-12-22	欧惠实业有限公司上海分公司	雕牌无磷洗衣粉 5 kg 装	5	40	330	袋	1 650	13 200
2021-12-24	欧惠实业有限公司杭州分公司	碧浪无磷洗衣粉 1.8 kg 袋装	1.8	25	440	袋	792	11 000
2021-12-24	欧惠实业有限公司杭州分公司	雕牌阳光馨香洗衣液 2 kg	2	29	340	瓶	680	9 860
2021-12-24	欧惠实业有限公司杭州分公司	奥妙无磷全效洗衣粉 4 kg 袋装	4	49	300	袋	1 200	14 700
2021-12-24	欧惠实业有限公司杭州分公司	碧浪洗衣液 3 kg 袋装	3	39	420	袋	1 260	16 380
2021-12-24	欧惠实业有限公司杭州分公司	汰渍洗衣粉 3 kg 袋装	3	35	220	袋	660	7 700
2021-12-24	欧惠实业有限公司杭州分公司	汰渍洁雅百合洗衣液 3 kg 袋装	3	35	100	袋	300	3 500
2021-12-24	欧惠实业有限公司杭州分公司	碧浪无磷洗衣粉 2.8 kg 袋装	2.8	34	310	袋	868	10 540
2021-12-24	欧惠实业有限公司杭州分公司	雕牌无磷洗衣粉 5 kg 装	5	40	380	袋	1 900	15 200
2021-12-25	欧惠实业有限公司杭州分公司	奥妙无磷全效洗衣粉 4 kg 袋装	4	49	310	袋	1 240	15 190
2021-12-25	欧惠实业有限公司杭州分公司	奥妙洗衣粉 4 kg 袋装	4	20	210	袋	840	4 200
2021-12-25	欧惠实业有限公司杭州分公司	碧浪无磷洗衣粉 1.8 kg 袋装	1.8	25	340	袋	612	8 500
2021-12-25	欧惠实业有限公司杭州分公司	碧浪无磷洗衣粉 3.8 kg 袋装	3.8	40	290	袋	1 102	11 600
2021-12-25	欧惠实业有限公司安庆分公司	碧浪洗衣液 2 kg 瓶装	2	30	330	瓶	660	9 900
2021-12-25	欧惠实业有限公司安庆分公司	碧浪洗衣液 3 kg 袋装	3	39	330	袋	990	12 870
2021-12-25	欧惠实业有限公司安庆分公司	雕牌全渍除菌洗衣液 2 kg 装	2	25	300	瓶	600	7 500

续表

调运时间	收货单位	货物名称	单重/kg	单价/元	数量	单位	总质量/kg	货物价值/元
2021-12-25	欧惠实业有限公司安庆分公司	雕牌全渍净除菌除螨洗衣液 1.5 kg	1.5	20	200	瓶	300	4 000
2021-12-25	欧惠实业有限公司安庆分公司	汰渍洁净薰香洗衣液 3 kg 袋装	3	42	340	袋	1 020	14 280
2021-12-25	欧惠实业有限公司安庆分公司	汰渍洗衣粉 1.55 kg 袋装	1.55	19	200	袋	310	3 800
2021-12-25	欧惠实业有限公司安庆分公司	汰渍洗衣粉 3 kg 袋装	3	35	100	袋	300	3 500
2021-12-26	欧惠实业有限公司杭州分公司	雕牌全渍除菌洗衣液 2 kg 装	2	25	500	瓶	1 000	12 500
2021-12-26	欧惠实业有限公司杭州分公司	雕牌阳光馨香洗衣液 2 kg	2	29	300	瓶	600	8 700
2021-12-26	欧惠实业有限公司杭州分公司	汰渍洗衣粉 3 kg 袋装	3	35	400	袋	1 200	14 000
2021-12-26	欧惠实业有限公司武汉分公司	碧浪洗衣液 3 kg 袋装	3	39	300	袋	900	11 700
2021-12-26	欧惠实业有限公司武汉分公司	奥妙无磷全效洗衣粉 4 kg 袋装	4	49	200	袋	800	9 800
2021-12-26	欧惠实业有限公司武汉分公司	奥妙洗衣粉 4 kg 袋装	4	20	720	袋	2 880	14 400
2021-12-26	欧惠实业有限公司武汉分公司	碧浪无磷洗衣粉 3.8 kg 袋装	3.8	40	660	袋	2 508	26 400

（2）已从节约里程的角度安排车辆完成运输，还未及时统计运输数据，运输单据见表 2.1.24～表 2.1.26 所示。

表 2.1.24　运输通知单 1

客户名称：欧惠实业有限公司

运输通知单：20211228YS01　　业务类型：送货

取货单位：M 公司 F 市物流货运中心　　取货时间：2021-12-28 09:00

收货单位：欧惠实业有限公司杭州分公司　　收货时间：2021-12-28 14:30 前

序号	货物名称	数量	单位	总质量/kg	备注
1	奥妙无磷全效洗衣粉 4 kg 袋装	300	袋	1 200	
2	碧浪无磷洗衣粉 1.8 kg 袋装	350	袋	630	
合计		650	袋	1 830	

表 2.1.25　运输通知单 2

客户名称：欧惠实业有限公司

运输通知单：20211228YS02　　业务类型：送货

取货单位：M 公司 F 市物流货运中心　　取货时间：2021-12-28 09:00

收货单位：欧惠实业有限公司安庆分公司　　收货时间：2021-12-28 19:30 前

序号	货物名称	数量	单位	总质量/kg	备注
1	碧浪洗衣液 2 kg 瓶装	480	瓶	960	
2	碧浪洗衣液 3 kg 袋装	300	袋	900	
3	雕牌全渍除菌洗衣液 2 kg 装	400	瓶	800	
4	汰渍洁净薰香洗衣液 3 kg 袋装	400	袋	1 200	
5	汰渍洗衣粉 1.55 kg 袋装	300	袋	465	
6	汰渍洗衣粉 3 kg 袋装	600	袋	1 800	
合计		2 480		6 125	

表 2.1.26　运输通知单 3

客户名称：欧惠实业有限公司

运输通知单：20211228YS03　　业务类型：送货

取货单位：M 公司 F 市物流货运中心　　取货时间：2021-12-28 09:00

收货单位：欧惠实业有限公司武汉分公司　　收货时间：2021-12-28 22:30 前

序号	货物名称	数量	单位	总质量/kg	备注
1	奥妙无磷全效洗衣粉 4 kg 袋装	300	袋	1 200	
2	奥妙洗衣粉 4 kg 袋装	400	袋	1 600	
3	碧浪无磷洗衣粉 3.8 kg 袋装	300	袋	1 140	
4	碧浪洗衣液 2 kg 瓶装	500	瓶	1 000	
5	碧浪洗衣液 3 kg 袋装	300	袋	900	
6	雕牌无磷洗衣粉 5 kg 装	300	袋	1 500	
7	雕牌阳光馨香洗衣液 2 kg	550	瓶	1 100	
8	汰渍洗衣粉 1.55 kg 袋装	700	袋	1 085	
9	汰渍洗衣粉 3 kg 袋装	100	袋	300	
合计		3 450	袋	9 825	

（3）已从节约里程的角度安排车辆完成运输，未及时统计运输数据，待统计时发现运输单据发生丢失，表 2.1.27 为丢失单据。

表 2.1.27　运输通知单 4

客户名称：长乐实业有限公司

运输通知单：20201220YS02　　业务类型：送货

取货单位：M 公司 F 市物流货运中心　　取货时间：2020-12-20 09:00

收货单位：长乐实业有限公司安庆分公司　　收货时间：2020-12-20 19:30 前

序号	货物名称	数量	单位	总质量/kg	备注
1	碧浪洗衣液 2 kg 瓶装	600	袋	1 200	
2	碧浪洗衣液 3 kg 袋装	400	袋	1 200	
3	雕牌全渍除菌洗衣液 2 kg 装	350	袋	700	
4	汰渍洁净熏香洗衣液 3 kg 袋装	200	袋	600	
5	汰渍洗衣粉 3 kg 袋装	440	袋	1 320	
合计		1 990	袋	5 020	

（二）作业或设计要求

（1）2022 年 1 月 20 日，M 公司接到业务单位泰安贸易有限公司的要求，将一批五金材料从 Y 省 A 市运送至 X 省 K 市，五金材料约 100 t，木箱包装。起点为宜昌市点军区江城大道 102 号，讫点为 X 省 K 市亭湖区世纪大道 88 号。M 公司准备综合考虑不同运输方式。此时，物流及运输费率（元/t）如表 2.1.28 所示。

表 2.1.28　物流及运输费率表　　单位：元/t

运输方式	宜昌—武汉	武汉—A 市	A 市—K 市
公路	90	100	90
水路	30	—	30
铁路	40	50	40

运输费用是指运输过程中的一切费用。提货点至宜昌码头的短驳费用为 10 元/t；提货点至宜昌火车站的短驳费用为 6 元/t；K 市火车站至收货点的短驳费用为 10 元/t，K 市码头站至收货点的短驳费用为 9 元/t，A 市火车站至 A 市码头的短驳费用为 13 元/t，武汉火车站至武汉码头的短驳费用为 14 元/t。

请为 M 公司选择最佳的运输方式。

（2）2022 年 1 月 25 日，M 公司在 G 市、D 市、E 市、J 市、H 市、C 市货运中心可调运的白猫 5 kg 装洗衣液分别为 90 箱、30 箱、100 箱、20 箱、60 箱和 50 箱。M 公司在 A 市、I 市、B 市、F 市、K 市、W 市、L 市七个城市货运中心 1 月 25 日需要白猫 5 kg 装洗衣液分别为 60 箱、50 箱、100 箱、60 箱、10 箱、30 箱和 40 箱，用于后期的城市内配送使用。

根据上述运输订单需求，在认真审核的基础上运用图上作业法完成运输组织的优化，画出运输流向线路图，完善相应数据核算。

（3）疫苗是指用各类病原微生物制作的用于预防接种的生物制品。一类疫苗一般由省疾控中心统一采购，二类疫苗一般由市级疾控中心在省疫苗采购平台自主采购。2021 年 11 月 4 日，F 市疾病预防控制中心公开招标 2022 年疫苗运输服务单位，以便将送达至市疾病预防控制中心的疫苗送至各个预防接种单位。

根据已有材料信息判断 M 公司能否承接此项运输任务，并阐述理由。

（4）2022 年 1 月 10 日，M 公司 F 市物流货运中心接到欧惠实业有限公司业务要求，要求通达物流将其存放在物流货运中心的雕牌全渍净除菌除螨洗衣液运送到 F 市各分店。F 市各分店位置关系等所需信息见表 2.1.29。

表 2.1.29 F 市各分店位置关系等信息

收货单位	收货人地址	收货地址代码	收货人姓名	收货人电话	需求量/瓶
欧惠实业有限公司 F 市姚港路店	F 市姚港路店 8 号	A	王林	151××××9865	1 000
欧惠实业有限公司 F 市虹桥路店	F 市虹桥路店 17 号	B	李进	151××××9977	1 100
欧惠实业有限公司 F 市人民路店	F 市人民路 232 号	C	张文乐	151××××3982	600
欧惠实业有限公司 F 市工农路店	F 市工农路 20 号	D	刘海洋	151××××3729	900
欧惠实业有限公司 F 市文峰路店	F 市文峰路 1 号	E	赵文兵	151××××9922	1 600

用节约里程法选择合适车辆，制定最优运输方案，完成车辆选择信息表。

（5）根据材料中提供的 2021 年 12 月份数据，完成调运质量（t）和周转量（t·km）相关数据表格。

（6）分别用簇状柱形图直观表示出 M 公司 2021 年 12 月份为欧惠实业有限公司各分公司运输货物质量（t），横轴显示各分公司名称，纵坐标显示数值，主标题“调运质量（t）”。用雷达图显示周转量/（t·km），主标题“周转量/（t·km）”。

（7）在节约运力的情况下，根据数据梳理出 M 公司 F 市物流货运中心 2021 年 12 月份车辆调用情况。

七、实训报告（见表 2.1.30）

表 2.1.30　实训报告

姓　名		学　号	
专　业		班　级	
实训日期		指导教师	
实训项目			
实训收获及反思			

任务 2　配装配载计划

学习目标

素养目标

- 培养学生具有精益求精的工匠精神；
- 培养学生的团队协作能力和沟通意识；
- 培养学生吃苦耐劳的优良品质。

知识目标

- 掌握货物配装配载方法。

能力目标

- 能根据货物数量与特性选择相应车辆；
- 能够根据物流综合价值优化配装作业。

思维导图（见图 2.2.1）

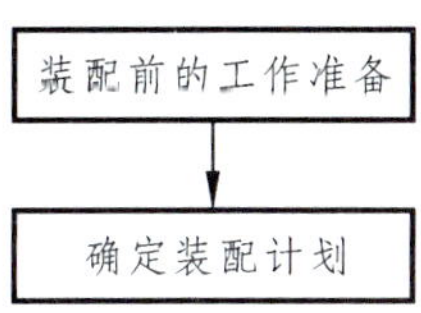

图 2.2.1　思维导图

一、项目概述

配载是指为具体的运班选配货载，即承运人根据货物托运人提出的托运计划，对所属运输工具的具体运班确定应装运的货物品种、数量及体积。

1. 配载的概念

一般在单个客户配送数量达不到车辆的有效装载载荷时，应集中统一配送路线上的其他客户的配送货物进行搭配装载，以提高车辆运力的利用率。这样就实现了提高配送效率、降低配送成本的目的。但是由于配送货物品种繁多、特性各异，在运输过程中的作业要求和操作工艺不可能完全一样，为保证配送服务质量，应该选择合适的配送车辆类型，必要时还要分别配送。车辆配载技术要解决的主要问题就是在充分保证货物质量和数量完好的情况下，尽可能使车辆满载行驶。

2. 配装的概念

由于配送作业本身的特点，配送工作的运输工具一般为汽车。由于需要配送的货物的体积、形状、包装形式和比重各异，因此在装车时，不但要考虑车辆的载重，还要考虑车辆的容积，使得车辆的载重和容积利用率最大。车辆配装技术要解决的主要问题就是在充分保证货物的质量、外形和包装完好的情况下，尽可能地提高车辆的载重和容积利用率，达到节约运输费用和运力的目的。配装主要解决有效利用车辆容积和载重这两个问题。

3. 配装与配载的区别

配装与配载都是为了尽可能地提高车辆的利用率。但是，配装强调的是装车环节，强调如何有效利用车辆的装载空间，它的研究对象主要是货物装载过程。而配载强调的是从装车后一直到货物送达整个过程中某一车辆的有效荷载是否被有效利用，它研究的是车辆的配载过程。配装强调的是装，货物如何装车就是配装需要解决的问题；而配载强调的是载，如何更好地调度车辆进行搭配就是配载要研究的问题。

4. 节约里程法

节约里程法的核心思想是依次将运输问题中的两个回路合并为一个回路，每次使合并后的总运输距离减小的幅度最大，直到达到一辆车的装载限制时，再进行下一辆车的优化。优化过程分为并行方式和串行方式两种。

二、工作依据

（1）《物流管理职业技能等级标准（2021 年 2.0 版）》（标准代码：530001）。

（2）《物流术语》（GB/T 18354—2021）。

（3）《物流服务师国家职业技能标准（2020 版）》。

（4）《物流中心作业通用规范》（GB/T 22126—2008）。

三、实训环境要求

（一）场地要求

在智慧物流实训室进行，至少配备满足 40 人同时开展实训的工位。

（二）设备要求（计算机设备）

主要功能：满足学生使用 Word 及 Excel 完成配装配载计划表。

技术要求：安装计算机操作系统及相关软件。

四、职业能力要求

（1）具有全盘思考的能力，掌握物流配装、配载核心要求。

（2）对配装配载各个环节的业务具有同等的认知。

（3）对于计算机网络技术有较深刻的理解。

五、实训案例

（一）背景信息

天天物流是一家大型物流企业，拥有完善的物流服务网络，其经营网络覆盖全国大部分地区，实行“云仓 + 落地配”的仓配一体化策略。天天物流在某市建立了一处配送中心，依托先进的物流服务平台，主要为商业客户提供市内配送服务。随着网上购物的兴起，天天物流开始涉足个人配送业务，长江路投递部为其新设的一家面向个人消费群体的配送站点。

（二）作业要求

1. 配装配载计划

配送中心（P）将于 2021 年 5 月 1 日向 A、B、C、D、E、F、G、H、I、J 共 10 家公司配送货物。图 2.2.2 中连线上的数字表示公路里程（km），靠近各公司的数字，表示各公司对货物的需求量（t）。配送中心备有 2 t 和 4 t 载重量的汽车可供使用，且汽车一次巡回（顺时针方向）走行里程不能超过 40 km。设送到时间均符合用户要求，为了尽量缩短车辆运行距离，试用节约里程法制订最优的配装配载方案，如表 2.2.1 所示。

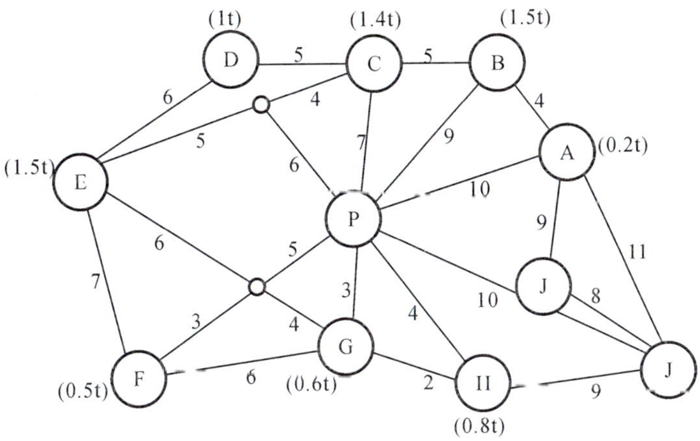

图 2.2.2 配送网络

表 2.2.1 配装配载计划

序号	车辆额定吨位/t	运输线路顺序							总质量/t
		1	2	3	4	5	6	7	
1	4	P	B	A	J	I	P		3.9
2	4	P	E	D	C	P			3.9
3	2	P	H	G	F	P			1.9

注：行列均可自行增加。

即得最优的配装配载方案如图 2.2.3 所示。

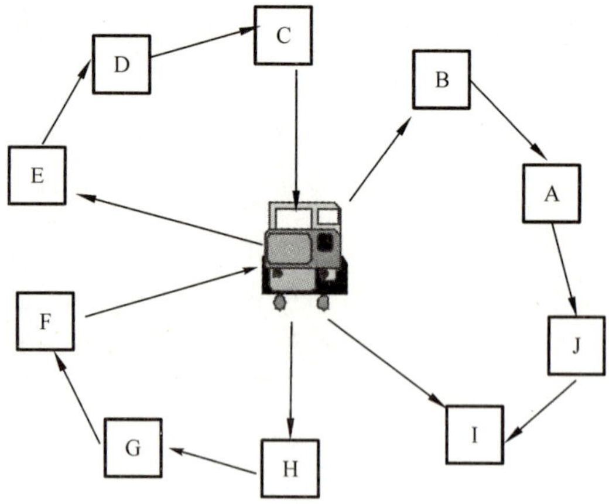

图 2.2.3　配装配载方案

2. 优化配送路线

根据下面的路线图（见图 2.2.4），按照距离最短的原则制订长江路投递部的配送路线计划，并计算配送总里程及花费时间，投递过程中必须遵守交通法规。

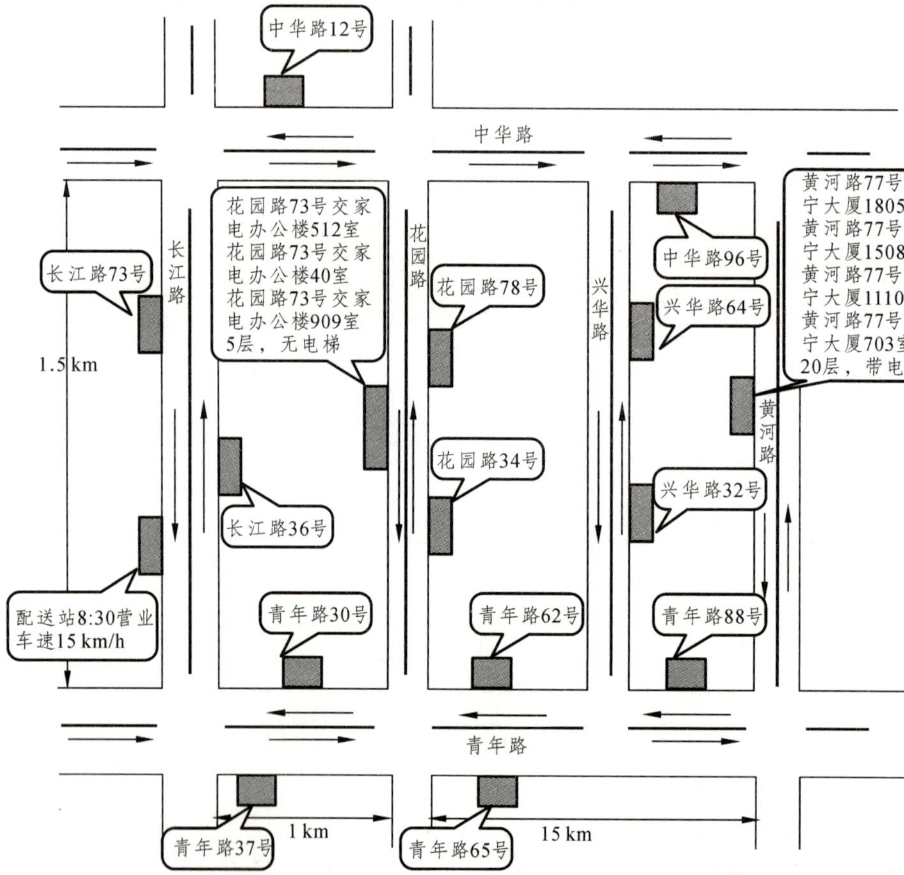

图 2.2.4　路线图

如图 2.2.3 所示，配送站 8:30 开始工作，汽车车速 15 km/h，每位客户派送时间 6 min，车辆在每个交叉路口及道路尽头可掉头，通过路口及掉头不计里程及时间，中华路 12 号本次不配送，兴华路 32 号 21:00 ~ 9:00 封闭管理。

同一地址有电梯情况下优先配送楼层较高的客户，无电梯情况需自行判断客户优先配送顺序。

制定长江路配送站配送路线（见表 2.2.2），并计算配送总里程及花费时间，投递过程中必须遵守交通法规。

表 2.2.2　配送路线

配送顺序	客户地址
1	青年路 37 号
2	花园路 34 号
3	花园路 78 号
4	花园路 73 号交家电办公楼 512 室
5	花园路 73 号交家电办公楼 404 室
6	花园路 73 号交家电办公楼 309 室
7	青年路 65 号
8	兴华路 32 号
9	兴华路 64 号
10	中华路 96 号
11	黄河路 77 号苏宁大厦 1805 室
12	黄河路 77 号苏宁大厦 1508 室
13	黄河路 77 号苏宁大厦 1110 室
14	黄河路 77 号苏宁大厦 703 室
15	青年路 88 号
16	青年路 62 号
17	青年路 30 号
18	长江路 36 号
19	长江路 73 号

得到总里程：14 km，总时间：170 min。

3. 配送效率效益分析

配送中心现有 3 人处理拣选任务，每人每天工作 8 h，一般每周双休。2020 年 1 ~ 4 月份配送量分别为 14 000 单、16 000 单、17 000 单、18 000 单，2021 年 1 ~ 4 月份配送量分别为 30 000 单、24 000 单、28 000 单、35 000 单，6 月份因有“618 活动”，拣选量预计为

55 000 单，为保证完成拣选任务，配送中心 6 月份将由双休改为单休。为方便计算，假设每月周六、周日均为 4 天。计算结果保留两位小数。

请计算：

（1）该配送中心今年 4 月份的单人拣选效率 = 拣选量/（拣选人员数量 × 每日拣选时间 × 工作天数），单位为“单/h”。今年 4 月份单人拣选效率为 66.29 单/h。

（2）在原有每人每天工作时间和拣选效率不变的情况下，6 月份拟招聘 30 天的兼职短期工完成拣选任务，兼职短期工工作时间为 8 h，单人拣选效率为现有工作人员的一半。应临时招聘多少人处理拣选任务？今年 6 月份应安排 2 人处理拣选任务。

（3）该配送中心今年 4 月配送量环比增长多少？同比增长多少？环比增长率 = 25.00%，同比增长率 = 94.44%。

4. 信息与数据处理

配送站现有 10 名送货人员，经统计，这 10 名送货人员的业务量和投诉量数据如表 2.2.3 所示。

表 2.2.3　10 名送货人员的业务量与投诉量

月份	1 月份		2 月份		3 月份	
配送员	业务量	投诉量	业务量	投诉量	业务量	投诉量
甲	3 771	264	3 572	153	3 632	84
乙	3 284	187	3 152	200	3 446	73
丙	3 757	96	3 268	159	3 312	189
丁	3 500	182	3 507	89	3 431	223
戊	3 364	164	3 265	274	3 402	120
己	3 650	83	3 569	206	3 692	237
庚	3 296	66	3 699	174	3 650	225
辛	3 150	204	3 643	234	3 263	214
壬	3 486	248	3 644	149	3 245	193
癸	3 437	285	3 750	50	3 435	60

（1）绘制 1 ~ 3 月投诉率前 5 位配送员的投诉情况可视化图（见图 2.2.5）：图形为百分比堆积柱形图，标题为“投诉率统计”；横坐标为配送员；柱形为 1 ~ 3 月份的投诉率，纵坐标单位是百分比；在底部显示 3 个月投诉率数据表。

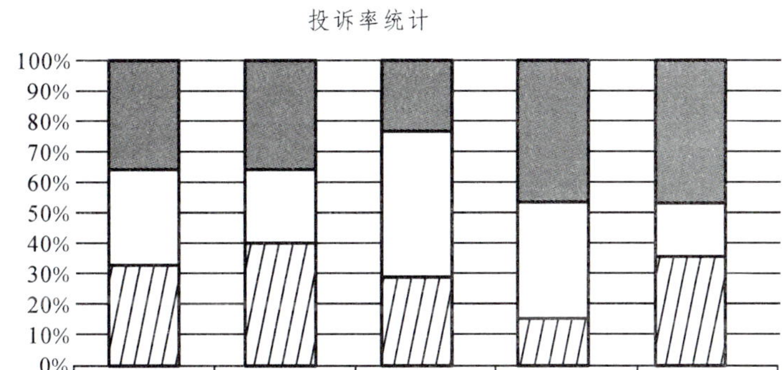

	辛	壬	戊	己	丁
3月份投诉率	6.56%	5.95%	3.53%	6.42%	6.50%
2月份投诉率	6.42%	4.09%	8.39%	5.77%	2.54%
1月份投诉率	6.48%	7.11%	4.88%	2.27%	5.20%

图 2.2.5　投诉率前 5 位

（2）确定投诉率连续增长和连续下降的配送员。

投诉率连续增长的配送员是：己、庚、丙。

投诉率连续下降的配送员是：甲。

六、实训任务

（一）背景信息

志高物流是一家大型物流企业，拥有完善的物流服务网络，其经营网络覆盖全国大部分地区，实行“云仓 + 落地配”的仓配一体化策略。志高物流在 Q 市建立了一处配送中心，依托先进的物流服务平台，主要为商业客户提供市内配送服务。随着网上购物的兴起，志高物流开始涉足个人配送业务。请根据以下信息，进行配送作业优化，计算结果保留 2 位小数。

（二）基本信息

1. 客户信息（见表 2.2.4）

表 2.2.4　客户信息

客户名称	客户代号	收货人姓名	收货单位	收货人地址	收货人电话	送货要求
大洋百货	A	黄飞虎	大洋百货星河店	星河东路 99 号	139××××6156	中午 12 点前收货
铁桥批发市场	B	蔡新华	铁桥批发市场	建宁路 12 号	186××××3512	上午 6 点后收货
京东商城	C	易洪艺	京东仓库	珠江路 1 号	186××××2351	拒收破损货物
东方大厦	D	林晚秋	东方大厦	东南路 66 号	135××××9023	停车不能超过 20 min
好又多超市	E	陆小华	好又多超市	中山路 12 号	139××××9231	注意单行线
玉林商厦	F	胡里昴	玉林商厦	通源路 88 号	186××××3287	停车场卸货

续表

客户名称	客户代号	收货人姓名	收货单位	收货人地址	收货人电话	送货要求
好再来超市	G	郑尹艳	好再来超市	文兰路 15 号	186××××7612	保质期 1/3 内
好的批发市场	H	马志伟	好的批发市场	文兰路 16 号	155××××8711	停车困难
苏宁易购	I	潘来喜	苏宁易购仓库	文蓝路 17 号	133××××7451	送货人员需卸货
大润发超市	J	周华	大润发超市北京路店	北京路 6 号	132××××2141	冷藏车送货
长江路配送站	K	郝大耳	长江路配送站	长江路 18 号	189××××2512	全天收货

2. 市内配送里程信息（见图 2.2.6）

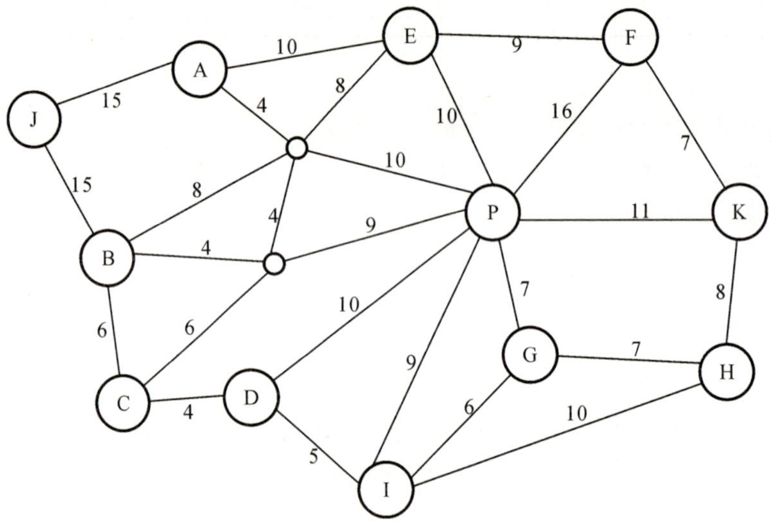

图 2.2.6 市内配送里程信息（单位：km）

3. 配送中心运力信息（见表 2.2.5）

表 2.2.5 配送中心运力信息

车牌号	额定载重/t	车辆类型	限定用途	最大里程/km	备注
京 DOPBO1	3	小型厢式货车	市内配送	40	
京 DOPBO2	3	小型厢式货车	市内配送	40	
京 DOPBO3	3	小型厢式货车	市内配送	40	
京 DOPBO4	3	小型厢式货车	市内配送	40	
京 DOPBO5	5	中型厢式货车	市内配送	50	
京 DOPBO6	5	中型厢式货车	市内配送	50	
京 DOPBO7	5	中型厢式货车	市内配送	50	
京 DOPB08	2	小型冷藏货车	市内配送	60	
京 DOPBO9	5	中型厢式货车	市内配送	50	

4. 配送中心信息

配送中心的配送模式主要采用如图 2.2.7 所示模式，配送中心最大库容为 50 000 托，平均库存为 25 000 托，平均库存周期为 15 天。

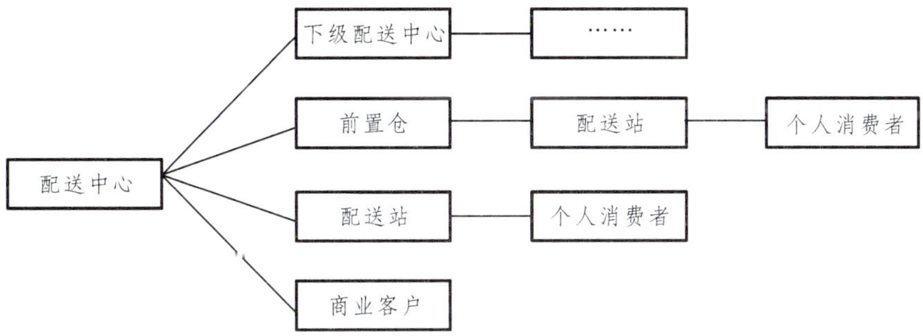

图 2.2.7　配送模式

5. 长江路配送站基本信息（见图 2.2.8）

配送站 8:30 开始工作，汽车车速 15 km/h，每位客户交接时间为 6 min，车辆在每个交叉路口及道路尽头可调头，通过路口（含转弯、调头、直行）不计里程但时间计为 1 min。中华路 9:50 之后道路拥挤，车速降为 12 km/h；兴华路与黄河路、花园路直线距离相等。

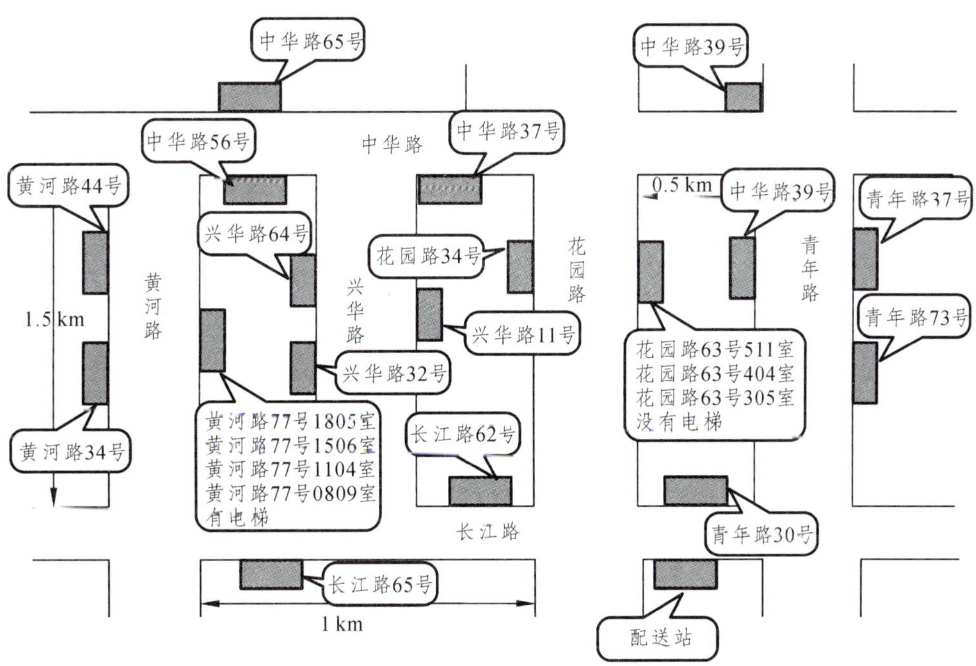

图 2.2.8　长江路配送站基本信息

（三）作业信息

1. 配送通知单（见表 2.2.6～表 2.2.16）

表 2.2.6 配送通知单 1

配送通知单	CKD20220101X101	客户名称	大洋百货			
收货人	黄飞虎	联系电话	139××××6156		业务类型	送货
收货地址	星河东路 99 号					
货品编码	货品名称	包装规格/mm	数量/箱	总质量/t	批号	备注
2001	雪饼	360×320×110	200	1.8	—	—

表 2.2.7 配送通知单 2

配送通知单	CKD20220101X102	客户名称	铁桥批发市场			
收货人	蔡新华	联系电话	186××××3512		业务类型	送货
收货地址	建宁路 12 号					
货品编码	货品名称	包装规格/mm	数量/箱	总质量/t	批号	备注
2002	维修工具包	560×320×210	40	0.6	—	—
2003	营养燕麦片	410×210×150	200	0.6	—	—
2004	全脂奶粉	370×330×1 530	25	0.6	—	—

表 2.2.8 配送通知单 3

配送通知单	CKD20220101X103	客户名称	京东商城			
收货人	易洪艺	联系电话	186××××2351		业务类型	送货
收货地址	珠江路 1 号					
货品编码	货品名称	包装规格/mm	数量/箱	总质量/t	批号	备注
2005	高级台灯	560×320×210	40	0.6	—	—
2006	学生笔记本	410×210×150	200	0.2	—	—

表 2.2.9 配送通知单 4

配送通知单	CKD20220101X104	客户名称	东方大厦			
收货人	林晚秋	联系电话	135××××9023		业务类型	送货
收货地址	东南路 66 号					
货品编码	货品名称	包装规格/mm	数量/箱	总质量/t	批号	备注
2007	迷你风扇	260×220×150	125	0.1	—	—
2008	汽车模型	500×400×350	25	0.1	—	—

表 2.2.10 配送通知单 5

配送通知单	CKD20220101X105	客户名称	好又多超市			
收货人	陆小华	联系电话	139××××9231	业务类型	送货	
收货地址	中山路 12 号					
货品编码	货品名称	包装规格/mm	数量/箱	总质量/t	批号	备注
2009	牙膏	560×320×210	200	0.3	—	—
2010	儿童牙刷	410×210×150	60	0.1	—	—
2011	电动牙刷	370×330×1 530	25	0.1	—	—

表 2.2.11 配送通知单 6

配送通知单	CKD20220101X106	客户名称	玉林商厦			
收货人	胡里昂	联系电话	186××××3287	业务类型	送货	
收货地址	通源路 88 号					
货品编码	货品名称	包装规格/mm	数量/箱	总质量/t	批号	备注
2012	高清显示器	320×280×220	50	1.1	—	—

表 2.2.12 配送通知单 7

配送通知单	CKD20220101X107	客户名称	好再来超市			
收货人	郑尹艳	联系电话	186××××7612	业务类型	送货	
收货地址	文兰路 15 号					
货品编码	货品名称	包装规格/mm	数量/箱	总质量/t	批号	备注
2013	大笔记本	410×210×150	100	0.1	—	—
2014	签字笔	320×280×220	50	0.1	—	—

表 2.2.13 配送通知单 8

配送通知单	CKD20220101X108	客户名称	好的批发市场			
收货人	马志伟	联系电话	155××××8711	业务类型	送货	
收货地址	文兰路 16 号					
货品编码	货品名称	包装规格/mm	数量/箱	总质量/t	批号	备注
2015	六口插线板	560×320×210	200	2	—	—
2016	小小螺丝刀	410×210×150	400	0.9	—	—

表 2.2.14　配送通知单 9

配送通知单	CKD20220101X109	客户名称	苏宁易购			
收货人	潘来喜	联系电话	133××××7451		业务类型	送货
收货地址	文蓝路 17 号					
货品编码	货品名称	包装规格/mm	数量/箱	总质量/t	批号	备注
2017	老年营养麦片	410×210×150	100	0.9	—	—
2018	体脂计	320×280×220	50	1	—	—

表 2.2.15　配送通知单 10

配送通知单	CKD20220101X110	客户名称	大润发超市			
收货人	周华	联系电话	132××××2141		业务类型	送货
收货地址	北京路 6 号					
货品编码	货品名称	包装规格/mm	数量/箱	总质量/t	批号	备注
2019	冷冻冰激凌	410×210×150	30	0.1	—	—
2020	高钙酸奶	370×330×1 530	20	0.1	—	—

表 2.2.16　配送通知单 11

配送通知单	CKD20220101X111	客户名称	长江路配送站			
收货人	郝大耳	联系电话	189××××2512		业务类型	送货
收货地址	长江路 18 号					
货品编码	货品名称	数量/箱	总体积/m^3	总质量/t	批号	备注
	普通包装	139	5	1.1	—	—

七、作业要求

1. 车辆配送计划

志高物流上午 6:00 开始送货，车辆行驶速度为 50 km/h，在客户处卸货交接时间为 10 min，请根据配送通知单、客户信息、里程信息及公司运力信息，试用节约里程法结合运输周转量最小原则，选择合适车辆并制订配送计划（不考虑车辆容积限制）。

要求：

（1）时间均为 24 小时制，向上取整精确到分；

（2）额定载重相同的情况下，按照车牌号从小到大顺序派车；

（3）按照车牌号从小到大的顺序填表。

2. 设计车辆配装计划

按照车辆配装计划完成设计。

八、实训报告（见表 2.2.17）

表 2.2.17　实训报告

<table>
<tr><td>姓　名</td><td></td><td>学　号</td><td></td></tr>
<tr><td>专　业</td><td></td><td>班　级</td><td></td></tr>
<tr><td>实训日期</td><td></td><td>指导教师</td><td></td></tr>
<tr><td>实训项目</td><td colspan="3"></td></tr>
<tr><td colspan="4">实训收获及反思</td></tr>
<tr><td colspan="4"></td></tr>
</table>

任务 3　优化配送路线

学习目标

素养目标

- 培养敬业精神、安全意识、节约意识和劳动意识；
- 培养学生的团队协作能力和沟通能力；
- 培养学生精益求精的工匠精神；
- 培养学生分析问题、解决问题的能力。

知识目标

- 掌握优化配送路线的意义；
- 掌握优化配送路线的方法。

能力目标

- 能够根据配送作业任务设计最优配送路线；
- 能够准确计算配送总里程和配送总时间。

思维导图（见图 2.3.1）

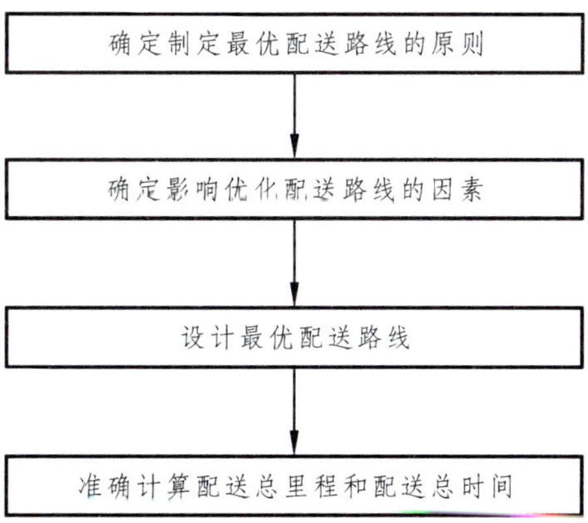

图 2.3.1　思维导图

一、项目概述

根据派送投递路线图，结合制订最优配送计划的原则和影响配送路线优化的因素，制订最优配送计划，并计算配送总里程及配送总时间。

制订原则：

（1）按照时间最短的原则；
（2）投递过程中必须遵守交通法规。

二、工作依据

（1）《物流管理职业技能等级标准（2021 年 2.0 版）》（标准代码：530001）。
（2）《物流术语》（GB/T 18354—2021）。
（3）《物流服务师国家职业技能标准（2020 版）》。
（4）《仓储作业规范》（SB/T 10977—2013）。
（5）《物流中心作业通用规范》（GB/T 22126—2008）。

三、优化配送路线的相关知识

（一）优化配送路线的意义

优化配送路线，尽可能地缩短配送时间或配送距离，以最大限度地利用配送车辆和人员，从而在配送成本降低的同时提高配送效率及服务质量。

（二）优化配送路线的方法

选择和优化配送路线时要考虑配送需求、交通拥堵、道路通行规定等因素。

1. 节约里程法

节约里程法的核心是依次将运输问题中的两个回路合并为一个回路，使每次合并后的总运输距离减小的幅度最大，直到达到一辆车的装载限制时，再进行下一辆车的优化。

利用节约法确定配送路线主要根据配送中心的运输能力和配送中心到各个用户以及各个用户之间的距离，是使总的车辆运输的吨公里数最小的配送方案。

节约里程法的基本思想是为达到高效率的配送，使配送的时间最小、距离最短、成本最低而寻找最佳配送路线。

计算方法如图 2.3.2 所示，假设 O 点为配送中心，它分别向地点 A 和 B 送货。设 O 点到地点 A 和地点 B 的距离分别为 a 和 b。地点 A 和地点 B 之间的距离为 c，现有两种运输方案，如图 2.3.2（a）、（b）所示。

（a）两个地点单独运输　　（b）两个地点合成一个回路进行运输

图 2.3.2　两种运输方案

容易得到：

在图（a）中运输距离为 $2(a+b)$；图（b）中运输距离为 $a+b+c$。

合并后的总运输距离之差为

$$2(a+b)-(a+b+c)=a+b-c$$

即得到计算公式是两点到中心的距离之和减去两点间距离。

2. 经验判断法

经验判断法是指利用行车人员的经验来选择配送路线的一种主观判断方法，一般是以司机习惯行驶路线和道路行驶规定等为基本标准，拟定出几个不同的方案，通过倾听有经验的司机和送货人员的意见加以判断，或者直接由配送管理人员凭经验做出判断。

3. 综合评价法

综合评价法能够拟定出多种配送路线方案，并且评价指标明确，只是部分指标难以量化，或对某一项指标有突出的强调与要求，而采取加权评分的方式来确定配送路线。

综合评价法的步骤如下：

（1）拟定配送路线方案；

（2）确定评价指标；

（3）对方案进行综合评分。

四、实训环境要求

（一）场地要求

在仓储作业实训室进行，配备至少满足 40 人同时开展实训的工位。

（二）设备要求（计算机设备）

主要功能：满足学生使用 Word 及 Excel 完成入库作业计划表。

技术要求：安装计算机操作系统及相关软件。

五、职业能力要求

优化配送路线职业能力要求如表 2.3.1 所示。

表 2.3.1　优化配送路线职业能力要求

职业岗位	工作内容	基本技能	相关知识	技能要求
配送员	优化配送路线	制定最优配送计划，计算配送总里程、配送总时间	优化配送路线的意义	能够掌握优化配送路线的目的
			优化配送路线的方法	能够根据制定最优配送路线的原则，结合影响配送路线设计的因素，设计最优配送计划，计算配送总里程、配送总时间

六、实训案例

（一）案例内容

如图 2.3.3 所示，某投递部 8:30 开始工作，汽车车速 15 km/h，每位客户派送时间 6 min，车辆在每个交叉路口及道路尽头可掉头，通过路口及掉头不计里程及时间，中华路 39 号客户要求在 9 点钟之前完成派送。黄河路 10:30 之后会拥挤，每家客户派送需双倍时间，行车速度降低到 12 km/h。

本次青年路 30 号以及中华路 65 号无需配送，兴华路与黄河路、花园路直线距离相等，同一地址有电梯情况下优先配送楼层较高的客户，无电梯情况需自行判断客户优先配送顺序。

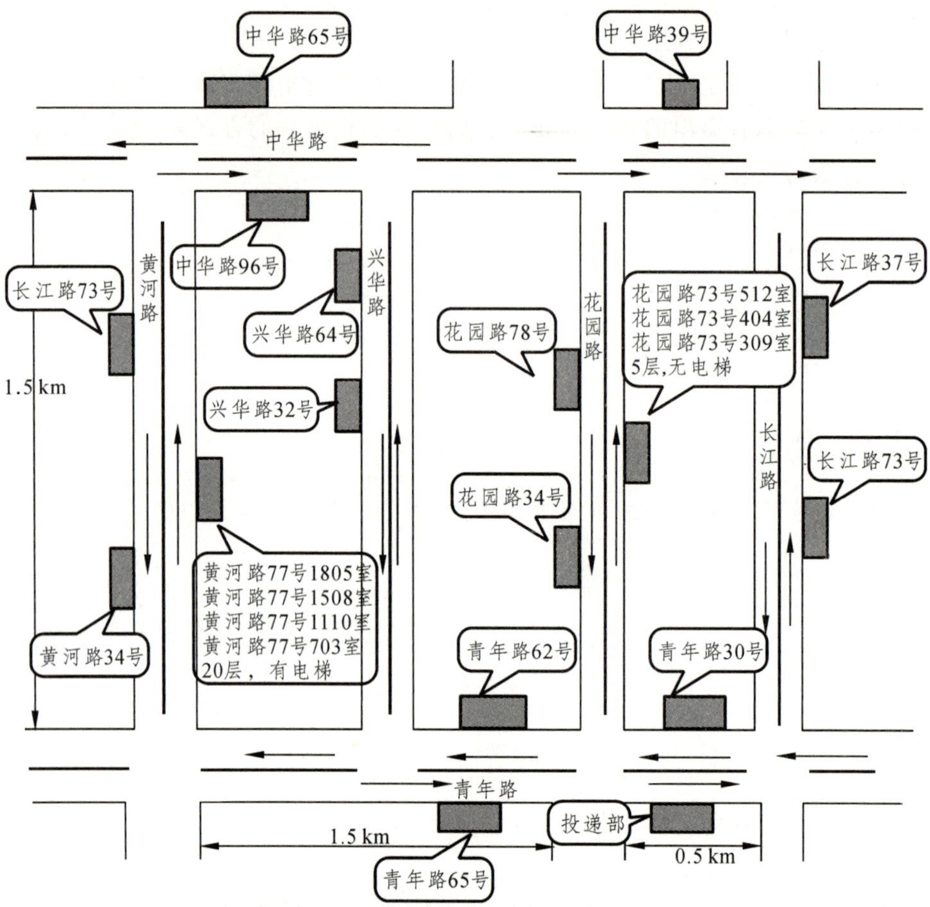

图 2.3.3　派送投递路线图

（二）作业或设计要求

根据上面的路线图，按照时间最短的原则制订长江路投递部的配送路线计划，并计算配送总里程及花费时间，投递过程中必须遵守交通法规。

分析：

（1）根据配送作业任务设计最优配送路线。要考虑配送需求、交通拥堵、道路通行规定等因素对配送路线进行优化。

（2）按照时间最短的原则制订长江路投递部的配送路线计划，并计算配送总里程及花费时间。

解答：

（1）设计最优配送路线。

由于本次青年路 30 号以及中华路 65 号无需配送，因此在设计配送路线时可以不经过这两家客户。

中华路 39 号要求在 9 点之前完成派送，故首先满足此客户配送要求。

由于黄河路 10:30 之后会拥挤，每家客户派送需双倍时间，且行车速度降低到 12 km/h，故尽可能在 10:30 前完成黄河路 6 家客户的配送。

通过分析，可以得到最优配送路线如表 2.3.2 所示。

表 2.3.2　最优配送路线

配送顺序	客户地址
1	中华路 39 号
2	花园路 34 号
3	花园路 78 号
4	青年路 62 号
5	黄河路 77 号 1805 室
6	黄河路 77 号 1508 室
7	黄河路 77 号 1110 室
8	黄河路 77 号 703 室
9	黄河路 44 号
10	黄河路 34 号
11	中华路 96 号
12	兴华路 64 号
13	青年路 65 号
14	花园路 73 号 512 室
15	花园路 73 号 404 室
16	花园路 73 号 309 室
17	长江路 73 号
18	长江路 37 号

（2）配送总里程：$1.5 \times 12 + 0.5 \times 3 = 19.5$（km）。

配送总时间：$6 \times 18 + 60 \times (19.5 \div 15) = 186$（min）。

七、实训任务

（一）任务内容

某配送站 8:30 开始工作，汽车车速 15 km/h，每位客户派送时间 6 min，车辆在每个交叉路口及道路尽头可掉头，通过路口及掉头不计里程及时间，中华路 12 号本次不配送，兴华路 32 号 21:00—9:00 封闭管理。

同一地址有电梯情况下优先配送楼层较高的客户，无电梯情况需自行判断客户优先配送顺序。

（二）作业或设计要求

根据上面的路线图，制定长江路配送站配送路线，并计算配送总里程及花费时间，投递过程中必须遵守交通法规。

八、实训报告（见表 2.3.3）

表 2.3.3　实训报告

姓　名		学　号	
专　业		班　级	
实训日期		指导教师	
实训项目			
实训收获及反思			

任务 4　配送效率效益分析

学习目标

素养目标

- 培养敬业精神、安全意识、节约意识和劳动意识；
- 培养学生的团队协作能力和沟通能力；
- 培养学生具有精益求精的工匠精神；
- 培养学生吃苦耐劳的优良品质；
- 培养学生分析问题、解决问题的能力。

知识目标

- 掌握配送业务效率、效益指标；
- 掌握提高配送效率的方法。

能力目标

- 能够计算拣选效率；
- 能够统计分析配送量环比增长率、同比增长率。

思维导图（见图 2.4.1）

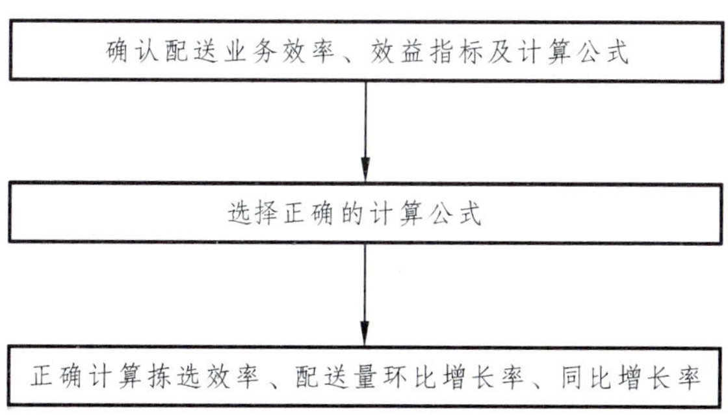

图 2.4.1　思维导图

一、项目概述

根据配送中心拣选量、拣选人数、拣选作业时间，正确计算该配送中心的拣选效率；根据配送中心在一定时期内的配送量及上一时期内的配送量，正确计算该配送中心配送量的环比增长率、同比增长率。

二、工作依据

（1）《物流管理职业技能等级标准（2021 年 2.0 版）》（标准代码：530001）。

（2）《物流术语》（GB/T 18354—2021）。

（3）《物流服务师国家职业技能标准（2020 版）》。

（4）《仓储作业规范》（SB/T 10977—2013）。

（5）《物流中心作业通用规范》（GB/T 22126—2008）。

三、配送效率效益分析相关知识

（一）配送业务效率、效益指标

1. 单人拣选效率

单人拣选效率 = 拣选量/（拣选人员数量 × 每日拣选时间 × 工作天数）

2. 配送量环比增长率

配送量环比增长率 =（本月配送量 - 上月配送量）/上月配送量

3. 配送量同比增长率

配送量同比增长率 =（本年某月配送量 - 上年同月配送量）/上年同月配送量

（二）提高配送效率的方法

1. 按区域分拣

配送中心可以设置不同的分拣区域，让分拣作业人员在各自区域分拣，这样才不会出现混乱的情况，有利于提高分拣效率。

2. 按商品类别分拣

配送中心可以将不同类别的商品分置到不同的区域，也就意味着将商品更加合理化地分类，提高分拣效率，比如将生鲜类分配到生鲜区域，能够快速短时间地将同一类商品分拣完成。

3. 按照商品大小分拣

在同一个类别的产品中，可能存在大小一样的情况，可以将商品按照尺寸的大小进行分类，能够尽快地由大到小或者由小到大进行分拣，从而提高分拣效率。

四、实训环境要求

（一）场地要求

在仓储作业实训室进行，配备至少满足 40 人同时开展实训的工位。

（二）设备要求（计算机设备）

主要功能：满足学生使用 Word 绘制组托示意图。

技术要求：安装计算机操作系统及相关软件。

五、职业能力要求（见表 2.4.1）

配送效率效益分析职业能力要求如表 2.4.1 所示。

表 2.4.1 配送效率效益分析职业能力要求

职业岗位	工作内容	基本技能	相关知识	技能要求
配送中心数据分析员	计算拣选效率，配送量环比增长率、同比增长率	计算拣选效率	拣选效率的计算方法	熟悉拣选效率计算公式，能够计算拣选效率
		计算配送量环比增长率、同比增长率	配送量环比增长率、同比增长率的计算方法	熟悉配送量环比增长率、同比增长率计算公式，能够计算配送量环比增长率、同比增长率

六、实训案例

（一）案例内容

某配送中心现有 3 人处理拣选任务，每人每天工作 8 h，一般每周双休。2020 年 1—4 月份配送量分别为 19 000 单、19 000 单、21 000 单、22 000 单，2021 年 1—4 月份配送量分别为 30 000 单、23 000 单、26 000 单、30 000 单，6 月份因有 618 活动，拣选量预计为 50 000 单，为保证完成拣选任务，配送中心 6 月份将由双休改为单休。为方便计算，假设每月周六、周日均为 4 天。计算结果保留两位小数。

（二）任务要求

（1）该配送中心 2021 年 4 月份的单人拣选效率 = 拣选量/（拣选人员数量 × 每日拣选时间*工作天数），单位为“单/h”；

（2）在每人每天工作时间和拣选效率不变的情况下，6 月份应安排多少人处理拣选任务？

（3）该配送中心 2021 年 4 月配送量环比增长多少？同比增长多少？

分析：

（1）计算“单人拣选效率”只需将数据代入公式进行计算即可，注意年度为 2021 年。

（2）要计算 6 月份应安排多少人处理拣选任务，可以根据上述公式得出：拣选人员数量 = 拣选量/（单人拣选效率 × 每日拣选时间 × 工作天数），计算结果取整数，单位为“人”。

（3）要计算该配送中心 2021 年 4 月配送量环比增长率、同比增长率，只需将数据代入公式计算即可。

解答：

（1）单人拣选效率 = 拣选量/（拣选人员数量 × 每日拣选时间 × 工作天数）= 30 000/（3 × 8 × 22）= 56.82（单/h）。

（2）6 月份应该安排拣选人数 = 拣选量/（单人拣选效率 × 每日拣选时间 × 工作天数）= 50 000/（56.82 × 8 × 26）= 4（人）。

（3）2021 年 4 月配送量环比增长率 =（4 月配送量 - 3 月配送量）/3 月配送量 =（30 000 - 26 000）/26 000 = 15.38%；

2021 年 4 月配送量同比增长率 =（2021 年 4 月配送量 - 2020 年 4 月配送量）/2020 年 4 月配送量 =（30 000 - 22 000）/22 000 = 36.36%。

七、实训任务

（一）任务内容

某配送中心现有 3 人处理拣选任务，每人每天工作 8 小时，一般每周双休。2020 年 1—4 月份配送量分别为 14 000 单、16 000 单、17 000 单、18 000 单，2021 年 1—4 月份配送量分别为 30 000 单、24 000 单、28 000 单、35 000 单，6 月份因有 618 活动，拣选量预计为 55 000 单，为保证完成拣选任务，配送中心 6 月份将由双休改为单休。为方便计算，假设每月周六、周日均为 4 天。计算结果保留两位小数。

（二）作业或设计要求

（1）该配送中心今年 4 月份的单人拣选效率 = 拣选量/（拣选人员数量 × 每日拣选时间 × 工作天数），单位为“单/时”。

（2）在原有每人每天工作时间和拣选效率不变的情况下，6 月份拟招聘 30 天的兼职短期工完成拣选任务，兼职短期工工作时间为 8 小时，单人拣选效率为现有工作人员的一半。应临时招聘多少人处理拣选任务？

（3）该配送中心今年 4 月配送量环比增长多少？同比增长多少？

八、实训报告（见表 2.4.2）

表 2.4.2　实训报告

姓　名		学　号	
专　业		班　级	
实训日期		指导教师	
实训项目			
实训收获及反思			

任务 5　信息与数据处理

学习目标

素养目标

- 培养学生具有精益求精的工匠精神；
- 培养学生的团队协作能力和沟通意识；
- 培养学生吃苦耐劳的优良品质。

知识目标

- 掌握信息与数据处理方法。

能力目标

- 学生能对数据进行采集、存储、传输、加工和输出。

思维导图（见图 2.5.1）

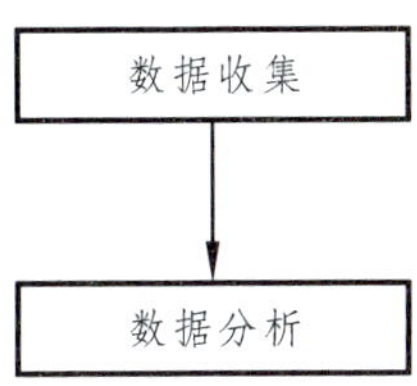

图 2.5.1　思维导图

一、项目概述

物流信息技术作为现代物流运作的基础，越来越多的企业认识到信息技术的应用是物流企业提高竞争力的重要手段。数据与信息是密切相关的，但是数据不等同于信息，它们之间是有区别的。学生掌握物流信息与数据处理是很重要的。

二、工作依据

（1）《物流管理职业技能等级标准（2021 年 2.0 版）》（标准代码：530001）。

（2）《物流术语》（GB/T 18354—2021）。

（3）《物流服务师国家职业技能标准（2020 版）》。

（4）《物流中心作业通用规范》（GB/T 22126—2008）。

三、实训环境要求

（一）场地要求

在智慧物流实训室进行，配备至少满足 40 人同时开展实训的工位。

（二）设备要求（计算机设备）

主要功能：满足学生使用 Word 及 Excel 完成数据收集分析和处理。
技术要求：安装计算机操作系统及相关软件。

四、职业能力要求

（1）能进行数据采集和输入，确保采集数据的完整性、准确性，并能进行校验等。
（2）对信息进行正确存储，保证物流信息不丢失、不走样、不外泄。
（3）准确、及时地进行信息传输，使信息具有实际应用价值。
（4）会正确进行数据加工。
（5）在信息输出阶段，使人易读易懂、直观醒目。

五、实训案例

（一）任务描述

1. 任务背景

随着业务的发展、客户量的增加，长沙环宇物流公司于 2019 年 6 月下达了客户开发和客户回访任务，主要对与公司有合作意向的新客户及已经有合作关系的老客户进行咨询和回访。销售部经理让小白制作一份客户管理表，小白整理了部分客户的详细业务信息，如表 2.5.1 所示。

表 2.5.1 客户信息表

客户名称	客户代码	客户性质	意向购买量/(t · km)	实际购买量/(t · km)	转化率/%
张伟杰	YC2012001	新客户	399	273	
罗玉林	YC2012002	VIP 客户	546	234	
宋科	YC2012003	老客户	700	282	
张婷	YC2012004	新客户	357	288	
王晓涵	YC2012005	老客户	385	183	
赵子俊	YC2012006	新客户	644	213	
宋丹	YC2012007	VIP 客户	455	285	

续表

客户名称	客户代码	客户性质	意向购买量/(t·km)	实际购买量/(t·km)	转化率/%
张嘉轩	YC2012008	老客户	385	183	
李琼	YC2012009	老客户	504	400	
陈锐	YC2012010	新客户	588	237	
邓超	YC2012018	老客户	665	198	
李全友	YC2012019	老客户	700	282	
宋力	YC2012020	新客户	469	282	
刘红芳	YC2012021	VIP 客户	378	210	
王翔	YC2012022	老客户	665	204	
张丽丽	YC2012023	VIP 客户	511	195	
孙洪伟	YC2012024	老客户	588	204	

2. 任务要求

运用 Excel 和 Word 对客户信息进行以下操作：

（1）计算各位客户购买量转化率（ = 实际购买量/意向购买量）、所有客户的平均转化率；

（2）设计反映不同性质客户对象的意向购买量和实际购买量汇总统计表；

（3）绘制不同性质客户对象的购买量转化率对比分析图；

（4）公司销售部编写客户信息统计分析。

3. 完成并提交相关文件

（1）完成计算汇总的客户信息表 Excel 电子文档及打印稿。

（2）完成不同性质客户对象的意向购买量和实际购买量汇总统计表 Excel 电子文档及打印稿。

（3）完成不同性质客户对象的购买量转化率对比分析图 Excel 电子文档及打印稿。

（4）公司销售部客户信息统计分析 Word 电子文档及打印稿。

（二）客户信息情况分析

长沙环宇物流公司销售部客户信息表显示，公司近期汇总有 17 名客户，共计意向物流业务量为 8 939 t·km，实际物流业务量为 4 153 t·km，平均物流业务量转化率为 46.46%。最高物流业务量转化率为 80.67%，最低物流业务量转化率为 29.77%。每位客户物流业务量转化率具体见表 2.5.2。

表 2.5.2　客户信息表

序号	客户名称	客户代码	客户性质	意向购买量/(t·km)	实际购买量/(t·km)	转化率/%
1	张伟杰	YC2012001	新客户	399	273	68.42
2	罗玉林	YC2012002	VIP 客户	546	234	42.86
3	宋科	YC2012003	老客户	700	282	40.29
4	张婷	YC2012004	新客户	357	288	80.67
5	王晓涵	YC2012005	老客户	385	183	47.53
6	赵子俊	YC2012006	新客户	644	213	33.07
7	宋丹	YC2012007	VIP 客户	455	285	62.64
8	张嘉轩	YC2012008	老客户	385	183	47.53
9	李琼	YC2012009	老客户	504	400	79.37
10	陈锐	YC2012010	新客户	588	237	40.31
11	邓超	YC2012018	老客户	665	198	29.77
12	李全友	YC2012019	老客户	700	282	40.29
13	宋万	YC2012020	新客户	469	282	60.13
14	刘红芳	YC2012021	VIP 客户	378	210	55.56
15	王翔	YC2012022	老客户	665	204	30.68
16	张丽丽	YC2012023	VIP 客户	511	195	38.16
17	孙洪伟	YC2012024	老客户	588	204	34.69
合　计				8 939	4 153	46.46

1. 客户基础信息分析

综合统计数据信息如表 2.5.3 所示。

表 2.5.3　不同客户性质物流业务量汇总表

客户类型	客户数	意向购买量/(t·km)	实际购买量/(t·km)	转化率/%
VIP 客户	4	1 890	924	48.89
老客户	8	4 592	1 936	42.16
新客户	5	2 457	1 293	52.63
总计	17	8 939	4 153	46.46

（1）VIP 客户有 4 位，意向物流业务量 1 890 t · km，实际物流业务量 924 t · km，平均转化率为 48.89%（见表 2.5.4）。

表 2.5.4　VIP 客户信息表

客户名称	客户代码	客户性质	意向购买量/(t · km)	实际购买量/(t · km)	转化率/%
罗玉林	YC2012002	VIP 客户	546	234	42.86
宋丹	YC2012007	VIP 客户	455	285	62.64
刘红芳	YC2012021	VIP 客户	378	210	55.56
张丽丽	YC2012023	VIP 客户	511	195	38.16
总　计		4	1 890	924	48.89

代码为 YC2012007（名称为宋丹）的客户实际物流业务量（285 t · km）最高，转化率（62.64%）也最高，是 VIP 客户群中的重点客户。

代码为 YC2012023（名称为张丽丽）的客户实际物流业务量（195 t · km）最低，转化率（38.16%）也最低，是 VIP 客户群中的非重点客户。

（2）老客户有 8 位，意向物流业务量 4 592 t · km，实际物流业务量 1 936 t · km，平均转化率为 42.16%（见表 2.5.5）。

表 2.5.5　老客户信息表

客户名称	客户代码	客户性质	意向购买量/（t · km）	实际购买量/(t · km)	转化率/%
宋科	YC2012003	老客户	700	282	40.29
王晓涵	YC2012005	老客户	385	183	47.53
张嘉轩	YC2012008	老客户	385	183	47.53
李琼	YC2012009	老客户	504	400	79.37
邓超	YC2012018	老客户	665	198	29.77
李全友	YC2012019	老客户	700	282	40.29
王翔	YC2012022	老客户	665	204	30.68
孙洪伟	YC2012024	老客户	588	204	34.69
总　计		8	4 592	1 936	42.16

代码为 YC2012009（名称为李琼）的老客户实际物流业务量（400 t · km）最高，转化率（79.37%）为最高，是老客户群中的重点客户。

代码为 YC2012005（名称为王晓涵）、代码为 YC2012008（名称为张嘉轩）两位老客户转化率偏高，均为 47.53%，也是老客户群中的重点客户。

代码为 YC2012018（名称为邓超）、代码为 YC2012022（名称为王翔）两位老客户转化率偏低，分别为 29.77%和 30.68%。

（3）新客户有 5 位，意向物流业务量 2 457 t·km，实际物流业务量 1 293 t·km，平均转化率为 52.63%（见表 2.5.6）。

表 2.5.6　新客户信息表

客户名称	客户代码	客户性质	意向购买量/(t·km)	实际购买量/(t·km)	转化率/%
张伟杰	YC2012001	新客户	399	273	68.42
张婷	YC2012004	新客户	357	288	80.67
赵子俊	YC2012006	新客户	644	213	33.07
陈锐	YC2012010	新客户	588	237	40.31
宋万	YC2012020	新客户	469	282	60.13
总　计		5	2 457	1 293	52.63

代码为 YC2012004（名称为张婷）的新客户实际物流业务量（288 t·km）最高，转化率（80.67%）为最高，是新客户群中的重点客户。

代码为 YC2012001（名称为张伟杰）、代码为 YC2012020（名称为宋万）实际物流业务量较高分别为 273 t·km、282 t·km，两位新客户转化率偏高，分别为 68.42%、60.13%，也是新客户群中的重点客户。

代码为 YC2012006（名称为赵子俊）的新客户实际物流业务量（213 t·km）最低，转化率（33.07%）最低。

2. 客户转化率信息分析

分析不同类型客户群的转化率，以 20%为组距，17 位客户的物流业务量转化率分布在 4 组（20%～40%、40%～60%、60%～80%、80%～100%）范围内。共有 7 位客户物流业务量转化率集中在 40%～60%内；5 位客户集中在 20%～40%内，其中包括最低转化率的 1 位老客户；4 位客户集中在 60%～80%；其中 1 位客户转化率最高，属于 80%～100%。具体情况详见表 2.5.7、图 2.5.2 所示。

表 2.5.7　客户信息表　　单位：元

客户类型	20%～40%	40%～60%	60%～80%	80%～100%	合计
VIP 客户	1	2	1		4
老客户	3	4	1		8
新客户	1	1	2	1	5
总计	5	7	4	1	17

（1）50%的 VIP 客户集中在 40%～60%的物流业务量转化率；

（2）50%的老客户集中在 40%～60%的物流业务量转化率，其他 37.5%的老客户集中在 20%～40%的物流业务量转化率；

（3）新客户的物流业务量转化率分布比较平均，相对来说，40%的新客户集中在 60% ~ 80%的水平。

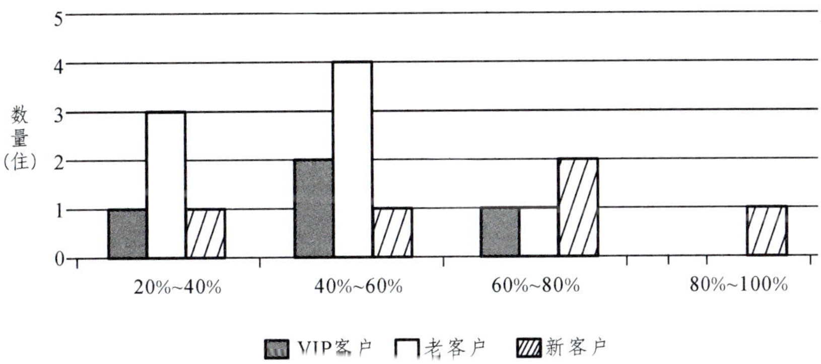

图 2.5.2　客户物流业务量转化率对比图

如图 2.5.2 所示，20% ~ 40%转化率水平以老客户为主；40% ~ 60%转化率水平以老客户为主，新客户较少；60% ~ 80%转化率水平以新客户为主，80% ~ 100%转化率水平只有唯一一位新客户。

六、实训任务

配送站现有 10 名送货人员，经统计，这 10 名送货人员的业务量和投诉量数据如表 2.5.8 所示。

表 2.5.8　10 名送货人员的业务量和投诉量数据

月份	1 月份		2 月份		3 月份	
配送员	业务量	投诉量	业务量	投诉量	业务量	投诉量
甲	3 523	60	3 739	151	3 185	49
乙	3 951	160	3 425	131	3 645	145
丙	3 260	124	3 069	129	3 665	168
丁	3 975	155	3 521	115	3 198	148
戊	3 683	213	3 533	219	3 538	286
已	3 186	36	3 003	59	3 751	108
庚	3 718	167	3 240	1 678	3 968	305
辛	3 430	212	3 465	176	3 302	105
壬	3 489	155	3 894	176	3 442	45
癸	3 455	126	3 943	145	3 920	9

（1）绘制 1 ~ 3 月投诉率前 5 位配送员的投诉情况可视化图：图形为百分比堆积柱形图，标题为“投诉率统计”，横坐标为配送员，柱形为 1、2、3 月份的投诉率，纵坐标是百分比（保留两位小数），在底部显示 1、2、3 月投诉率数据表。

（2）确定投诉率连续增长和连续下降的配送员。

七、实训报告（见表 2.5.9）

表 2.5.9　实训报告

<table>
<tr><td>姓　名</td><td></td><td>学　号</td><td></td></tr>
<tr><td>专　业</td><td></td><td>班　级</td><td></td></tr>
<tr><td>实训日期</td><td></td><td>指导教师</td><td></td></tr>
<tr><td>实训项目</td><td colspan="3"></td></tr>
<tr><td colspan="4">实训收获及反思</td></tr>
<tr><td colspan="4"></td></tr>
</table>

参考文献

[1] 薛威. 智慧物流实训[M]. 北京：高等教育出版社，2021.

[2] 北京中物联物流采购培训中心. 物理管理职业技能等级认证教材[M]. 2 版. 江苏：江苏凤凰教育出版社，2021.

[3] 薛威. 仓储作业管理[M]. 4 版. 北京：高等教育出版社，2022.

[4] 刘雅丽，解翠杰. 仓储与配送管理[M]. 北京：高等教育出版社，2021.

[5] 袁瑗瑗. 仓储作业实务[M]. 成都：西南交通大学出版社，2021.

[6] 马俊生，王晓阔. 配送管理[M]. 北京：机械工业出版社，2016.